VEGETARISK STREET SPISER: BURGERE, TACOS, GYROS OG MERE

Tilfredsstil veganer-trang, én gadebid ad gangen

Helle Samuelsson

Copyright materiale ©2023

Alle rettigheder forbeholdes

Ingen del af denne bog må bruges eller transmitteres i nogen form eller på nogen måde uden korrekt skriftligt samtykke fra udgiveren og copyright-indehaveren, bortset fra korte citater brugt i en anmeldelse. Denne bog bør ikke betragtes som en erstatning for medicinsk, juridisk eller anden professionel rådgivning.

INDHOLDSFORTEGNELSE

INTRODUKTION **6**
BURGERE **7**
   1. KARRY-SHIITAKE-STABLEDE TOMATER 8
   2. STEGTE GRØNNE NAPOLEONER MED COLESLAW 10
   3. TOMAT AVOCADO BURGERE 13
   4. BBQ BUNLESS VEGGIE BURGER 15
   5. ÆBLE- OG JORDNØDDESMØRSTABLER 18
   6. STEGTE GRØNNE TOMATER 20
   7. SØDE KARTOFFEL BURGERBOLLER 22
   8. PORTABELLA AND VEGAN HALLOUMI BURGERS 24
   9. LOW CARB BLACK BEAN QUINOA BUNLESS BURGER 26
   10. BUNLESS STACKED BURGER 29

BURGERSKÅLE **32**
   11. VEGGIEBURGER I EN SKÅL 33
   12. GRILLEDE GRØNTSAGER BURGERSKÅLE 35
   13. TERIYAKI BURGERSKÅLE 37
   14. SKÅL MED MAYO-SENNEPSSAUCE 39
   15. VEGGIEBURGERSKÅL & SPIDSKÅL 42
   16. VEGGIE BURGER BURRITO BOWL 45
   17. BURGERE MED TOFU SKÅL 47

VEGGIE RULLER **49**
   18. SOMMERRULLER MED CHILE-LIME-DYPPESAUCE 50
   19. GRØNTSAGSRULLER MED BAGT KRYDRET TOFU 52
   20. SVAMPE-RISPAPIRRULLER 55
   21. AVOCADO- OG GRØNTSAGSRISPAPIRRULLER 58
   22. REGNBUERULLER MED TOFU-JORDNØDDESAUCE 60
   23. MANGOFORÅRSRULLER 62
   24. BLANDEDE FRUGTFORÅRSRULLER MED JORDBÆRSAUCE 64
   25. TROPISK FRUGT SOMMERRULLER 67
   26. RULLER AF RISPAPIR TIL BÆR OG GRØNTSAGER 70
   27. ROSE-INSPIREREDE RISPAPIRRULLER 73
   28. TOFU OG BOK CHOY RISPAPIRRULLER 75

PIZZA **77**
   29. SØD OG KRYDRET ANANASPIZZA 78
   30. NEKTARIN HVID PIZZA 80
   31. BBQ STRAWBERRY PIZZA 82
   32. FIG, OG RADICCHIO PIZZA 84
   33. PIZZA BIANCA MED FERSKNER 86
   34. VEGANSK VANDMELONFRUGTPIZZA 88
   35. BBQ JACKFRUIT PIZZA 90
   36. BUTTERNUT SQUASH PIZZA MED ÆBLER OG PEKANNØDDER 92

37. Portobello And Black Olive Pizza 94
38. Vegansk hvid svampepizza 96
39. Mini Portobello Pizzaer 98
40. Mild mikrogrøn skovpizza 100
41. Kantarelpizza med vegansk ost 102
42. Vegansk svampe- og skalotteløgspizza 104
43. Gule Tomater Hvid Pizza 106
44. Broccoli Pizza 108
45. Chard Pizza 111
46. Ærter og gulerødder Pizza 113
47. Kartoffel-, løg- og chutneypizza 116
48. Brændt Rødder Pizza 119
49. Rucola Salat Pizza 122
50. Karameliseret løgpizza 124
51. Griddle Spinat Pizza 126
52. Rucola og citronpizza 128
53. Havefrisk pizza 130
54. Roma Fontina Pizza 132
55. Spinat Artiskok Pizza 134
56. Vegansk Caprese Pizza 136
57. Grillpizza med sprødt blomkål 138
58. Grillet Veggie Pizza 140
59. Artiskok & Oliven Pizza 142
60. Vegansk Zucchini Pepperoni Pizza 144
61. Rød linse pizzaskorpe 146
62. Spicy Pinto Bean Pizza 148
63. Bean Nacho Pizza 150
64. Mango Pizza med sorte bønner 152
65. BBQ Majs Jalapeno Sweet Potato Pizza 154
66. Flødemajspizza 156

BURRITOS 159

67. Abrikos Burritos 160
68. Baby Bean Burritos 162
69. Bønne- og risburritos 164
70. Bønner & Tvp Burritos 166
71. Cherry Burritos 168
72. Butternut Burrito 170
73. Majs & Ris Burritos 172
74. Fiesta Bean Burrito 174
75. Fryser Burritos 176
76. Matzo Burrito gryderet 178
77. Mikrobølgebønneburritos 180
78. Mikrobølgegrøntsagsburritos 182
79. Blandet grøntsagsburrito 184

- 80. Mojo Black Bean Burritos 186
- 81. Pepita grøntsagsburritos 188
- 82. Seitan Burritos 190
- 83. Burrito Fyldning 192
- 84. Vegetarisk Burritos Grande 194

TACOS 196

- 85. Crunchy Kikært Tacos 197
- 86. Tempeh tacos 199
- 87. Svampetacos med Chipotlecreme 201
- 88. Tacos med linser, grønkål og quinoa 203
- 89. Majssalsa toppede sorte bønnetacos 205
- 90. Grillede Haloumi Tacos 207
- 91. The Simple Vegan Taco 209
- 92. Bønner og grillet majs Taco 211
- 93. Sorte bønner og rissalat Taco 213
- 94. Chewy Walnut Tacos 215
- 95. Seitan Tacos 217

GYROS 219

- 96. Kikærte- og grøntsagsgyros 220
- 97. Grillet Portobello Svampe Gyros 222
- 98. Jackfruit Gyros 224
- 99. Tofu Gyros 226
- 100. Linse- og svampegyros 228

KONKLUSION 230

INTRODUKTION

Velkommen til "VEGETARISK STREET SPISER: BURGERE, TACOS, GYROS OG MERE", dit pas til at tilfredsstille veganer-trang, en gadebid ad gangen. Denne kogebog er en fejring af plantebaserede lækkerier inspireret af streetfood fra hele verden. Slut dig til os, når vi begiver os ud på en rejse for at genskabe smagen, teksturerne og tilfredsstillelsen af dine yndlingsretter – alt imens vi holder det lækkert vegansk.

Forestil dig at nyde duften af at grille plantebaserede burgere, nyde knasen af veganske tacos og nyde den velsmagende godhed fra plantebaserede gyros. " VEGETARISK STREET SPISER: BURGERE, TACOS, GYROS OG MERE" er mere end blot en samling af opskrifter; det er en udforskning af den kreativitet og mangfoldighed, som plantebaserede ingredienser bringer til street food. Uanset om du er en erfaren veganer eller lige er begyndt på din plantebaserede rejse, er disse opskrifter lavet til at inspirere dig til at nyde den dristige og smagfulde verden af veganske street eats.

Fra klassiske veganske burgere til innovative tacofyld og læskende gyros, hver opskrift er en fejring af de plantedrevne twists på streetfood-klassikere. Uanset om du er vært for en vegansk grillmad eller tilfredsstiller dine trang til gademad derhjemme, er denne kogebog din foretrukne ressource til at lave lækre plantebaserede bidder, der fanger essensen af gademad.

Slut dig til os, mens vi dykker ind i verden af "VEGETARISK STREET SPISER: BURGERE, TACOS, GYROS OG MERE", hvor hver kreation er et vidnesbyrd om den kreativitet, tilfredshed og globale inspiration, der følger med plantebaseret streetfood. Så tag dit forklæde på, omfavn gadernes smag, og lad os udforske den spændende og tilfredsstillende verden af veganske street eats.

BURGERE

1. Karry Shiitake - Stablede tomater

INGREDIENSER:
- 4 arvestykkestomater
- 4 skiver vegansk ost

SHIITAKE-BLANDING
- 6 spsk plantebaseret mayonnaise
- 1 tsk karrypulver
- ¼ tsk salt
- ¼ teskefuld malet ingefær
- ¾ pund shiitake
- 1 selleri ribben, hakket
- ½ kop finthakket agurk
- 1 navleappelsin, skrællet og finthakket
- 2 grønne løg, skåret i tynde skiver

INSTRUKTIONER:
a) Trim og skær hver tomat i tre tykke skiver, og afdryp på køkkenrulle.
b) Bland shiitake, mayonnaise og krydderier i en skål.
c) Rør de resterende ingredienser i.
d) For hver servering skal du stable tre skiver tomater, læg dem i lag med vegansk ost og shiitakeblandingen.

2.Stegte grønne napoleoner med coleslaw

INGREDIENSER:
- 1/3 kop mayonnaise
- ¼ kop hvid eddike
- 2 spsk sukker
- 1 tsk salt
- 1 tsk hvidløgspulver
- ½ tsk peber
- 14 ounce tre-farvet coleslaw blanding
- ¼ kop finthakket løg
- 11 ounce mandarin appelsiner, drænet

STEGTE TOMATER:
- 1 vegansk æg-erstatning
- Dash hot peber sauce, eller efter smag
- ¼ kop universalmel
- 1 kop tørre krummer
- 2 grønne tomater, skåret i 4 skiver hver
- Olie til stegning
- ½ tsk salt
- ¼ tsk peber
- ½ kop nedkølet vegansk pimiento ost
- 4 tsk pebergelé

INSTRUKTIONER:
a) Bland de første seks ingredienser.
b) Tilsæt coleslawblanding og løg. Tilsæt mandarin, og rør forsigtigt.
c) Pisk vegansk æg-erstatning og varm sauce i en lav skål.
d) Kom mel og krummer i separate lave skåle.
e) Dyp tomatskiver i mel for at dække begge sider, og ryst overskydende af.
f) Dyp i vegansk æggeblanding, derefter i krummer, klap for at hjælpe belægningen med at klæbe.
g) I en elektrisk stegepande eller frituregryde opvarmes olie til 350°.
h) Steg tomatskiver, et par ad gangen, indtil de er brune, 1-2 minutter på hver side. Afdryp på køkkenrulle.
i) Drys med salt og peber.
j) For at samle, lag en tomatskive med 1 spsk vegansk pimiento ost. Gentag lag.
k) Top med 1 tsk pebergelé. Gentag med de resterende tomatskiver.
l) Server over coleslaw.

3.Tomat Avocado burgere

INGREDIENSER:

- 4 tomater
- 4 veganske frikadeller
- ¼ tsk malet sort peber
- ½ plus ¼ tsk fintkornet havsalt
- 1 tsk chilipulver
- 1 moden avocado, delt
- 2 spsk græsk yoghurt
- 1 spsk mayonnaise
- 2 tsk frisk limesaft
- ¼ teskefuld stødt spidskommen
- Håndfuld lucernespirer

INSTRUKTIONER:

a) Læg halvdelen af avocadoen i en skål og mos med en gaffel til den er næsten glat.

b) Tilsæt yoghurt, mayo, limesaft og spidskommen og rør for at kombinere. Skær den resterende halvdel af avocadoen i tern og tilsæt den sammen med ¼ tsk salt. Rør forsigtigt for at kombinere. Sæt til side.

c) Smør en slip-let pande/pande med olivenolie og varm den op ved medium-høj varme.

d) Kog halverede tomater med forsiden nedad i 2 til 3 minutter, indtil de begynder at brune.

e) For at samle burgere, læg en knivspids spirer på den nederste del af hver tomat, top med en vegansk patty, cirka 2 spsk avocadosauce, og afslut med den anden halvdel af hver tomat.

4.Bbq Bunless Veggie Burger

INGREDIENSER:
TIL DEN BUNLØSE BURGER:
- 8 gourmetburgere
- Avocado madolie
- 1 avocado, skåret i skiver
- 4 portobellosvampe
- 1 løg skåret i ringe
- 4 skiver vegansk cheddarost
- Tomatsovs
- mayonnaise

TIL REDBEDE- & ÆBLESLAWEN:
- 2 rødbeder, skrællet og revet
- 2 æbler, revet
- 1 kop revet rødkål
- 3 spsk æblecidereddike
- 2 tsk økologisk råsukker
- 1 spsk fuldkorns sennep
- 4 spiseskefulde ekstra jomfru olivenolie
- ½ kop frisk persille, finthakket
- ½ kop frisk persille, finthakket
- ½ tsk friskkværnede sorte peberkorn
- Skåret cornichoner til pynt

INSTRUKTIONER:
a) Læg rødbede, æble og rødkål i en skål.
b) Tilsæt eddike, sukker, sennep, olivenolie og persille. Kombiner godt. Krydr efter smag. Sæt til side.
c) Varm en grill op. Tilbered veggie-gourmetburgerne, svampe og løgringe med et skvæt avocado-madolie.
d) Kombiner tomatsauce og mayo. Sæt til side.

AT SAMLE
e) Læg først en skive vegansk ost på en veggieburger.
f) Smelt den veganske ost ved at lægge den under grillen eller opvarm den i mikroovnen, indtil den er smeltet.
g) Smør lidt tomatmayosauce, og læg derefter champignon, avocadoskiver, rødbede og æblesalat i lag.
h) Fordel noget mere tomatmayosauce på en anden veggieburger, læg den derefter oven på burgeren og stak saucen nedad for at fuldende den.
i) Pynt med kogte løgskiver og cornichoner på toppen af burgeren.
j) Stik et spyd for at holde det intakt.

5. Æble- og jordnøddesmørstablere

INGREDIENSER:
- 2 æbler
- 1/3 kop tyk jordnøddesmør

FYLDNINGER
- Granola
- miniature semisweet chokoladechips

INSTRUKTIONER:
a) Kerne æbler. Skær hvert æble på kryds og tværs i seks skiver.
b) Fordel jordnøddesmør over seks skiver og drys med fyld efter eget valg.
c) Top med de resterende æbleskiver.

6.Stegte grønne tomater

INGREDIENSER:
- ¼ kop fedtfri mayonnaise
- ¼ tsk revet limeskal
- 2 spsk limesaft
- 1 tsk hakket frisk timian
- ½ tsk peber, delt
- ¼ kop universalmel
- 2 veganske æg-erstatninger
- ¾ kop majsmel
- ¼ tsk salt
- 2 grønne tomater
- 2 røde tomater
- 2 spsk rapsolie
- 8 skiver canadisk bacon

INSTRUKTIONER:

a) Bland de første 4 ingredienser og ¼ tsk peber, og stil på køl indtil servering.
b) Kom mel i en lav skål, og læg æg-erstatning i en separat lav skål. I en tredje skål blandes majsmel, salt og den resterende peber.
c) Skær hver tomat på kryds og tværs i 4 skiver.
d) Dryp 1 skive i mel, så det dækker let, og ryst overskydende af.
e) Dyp i veganske æg-erstatninger og derefter i majsmelblanding. Gentag med de resterende tomatskiver.
f) Opvarm olien overophedning i en nonstick-gryde.
g) Kog tomaterne i partier, indtil de er gyldenbrune, 4-5 minutter på hver side.
h) I samme gryde brunes let canadisk bacon på begge sider.
i) For hver stak 1 skive hver grøn tomat, bacon og rød tomat. Server med sauce.

7. Søde kartoffel burger boller

INGREDIENSER:
- 1 sød kartoffel
- 2 teskefulde olivenolie
- Salt og peber

INSTRUKTIONER:
a) Skræl og skær dine søde kartofler i tern i form af burgerboller.
b) Brug dine hænder til at gnide olivenolien over dem.
c) Smag til med salt og peber.
d) Kog i 10 minutter ved 360F i airfryeren.
e) Placer dine burgere mellem to sød kartoffel burger bolle skiver og server.

8. Portabella og veganske Halloumi-burgere

INGREDIENSER:
- 4 portabella svampehatte
- 3 ½ spsk balsamicoeddike
- 2 spsk olivenolie
- 2 skiver tomat
- 2 skiver vegansk halloumi
- En håndfuld basilikumblade
- Havsalt
- Friskkværnet peber

INSTRUKTIONER:
a) Forvarm grillen til 450 °F.
b) Pensl svampene med olivenolie og drys en smule havsalt ovenpå dem.
c) Grill eller steg dem i fire eller fem minutter på hver side.
d) Grill halloumien. Skær halloumien i de ønskede, forholdsvis tynde skiver.
e) Grill den i to minutter på hver side ved høj varme. Halloumien skal være blød og udsende en aromatisk, salt lugt.

AT SAMLE
f) Portabella-svampene bliver din bolle. På toppen af en Portobello-svampehætte placeres den grillede veganske Halloumi-ost, skive tomat og basilikumblade.
g) Tilsæt balsamico og friskkværnet peber.
h) Læg derefter den anden svampehætte ovenpå.
i) Gentag denne proces for den anden burger.

9. Low Carb Black Bean Quinoa Bunless Burger

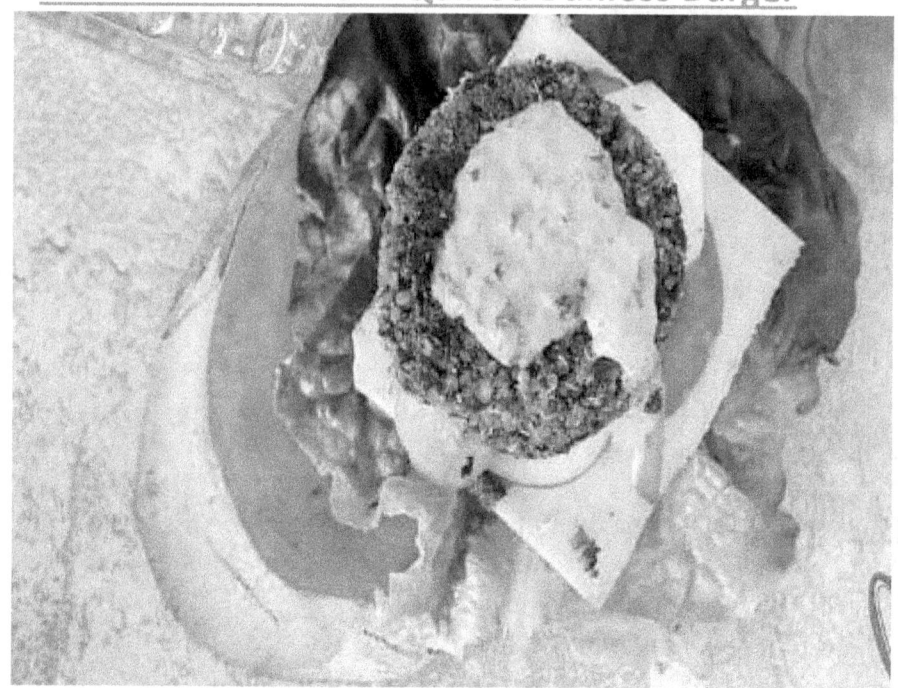

INGREDIENSER:
TIL SORT BØNNE-QUINOAKADE
- 3 kopper kogte sorte bønner
- 3 kopper kogt quinoa
- 1 tsk spidskommen frø
- 1 kop hakket løg
- 6 fed hvidløg
- 1 ½ dl hakket grønkål
- 1 Jalapeno finthakket
- 1 spsk majsolie
- Salt efter smag

TOPPINGS
- agurke skiver
- Tomat skiver
- Løg skive
- Nogle pickles
- Krydret ristet rød peber peanut sauce Eller dit valg af sauce

ANDRE INGREDIENSER
- En stor flok salat
- Lidt majsolie til at grille pattyen

INSTRUKTIONER:
TIL SORT BØNNE-QUINOAKADE
a) Tag først lidt olie i en gryde og tilsæt spidskommen, løg, hvidløg og jalapenos.
b) Sauter i et minut. Tilsæt derefter hakket grønkål og sauter igen i 2 minutter. Lad det køle af.
c) Tag sorte bønner og mos dem godt.
d) Tilsæt nu kogt quinoa, sauteret blanding og salt.
e) Bland alle ingredienserne godt sammen. Form dem.
f) Du kan forme den sorte bønneburger, som du vil.
g) Læg dem på panden.
h) Påfør derefter en lille smule majsolie på begge sider. Steg dem gyldenbrune på begge sider.
i) Tag dem ud og hold dem til side.

SAMLER BURGEREN.
j) Tag et salatblad, og læg derefter sorte bønne-quinoa-patty, skiver af tomater, agurkeskiver, nogle syltede skiver, løgskiver og til sidst lidt læbe-smækkende sauce.
k) Pak salaten forsigtigt ind.

10. Bunless Stacked Burger

INGREDIENSER:
VEGANSK KETO BURGERE
- 400 g hampfu
- 400 g grøntsager, hakket
- ½ kop mandelmel
- 4 spsk chia eller malede hørfrø
- 4 spsk ekstra jomfru olivenolie
- Sort peber, havsalt og røget paprika

VALGFRI BURGERTOPPINGS
- 16 salatblade
- 2 tomater
- 2 modne avocadoer
- 2 spsk olivenolie
- citronsaft eller æblecidereddike
- Romesco sauce
- rødløg
- Syltede agurker, uden sukker

INSTRUKTIONER:
a) Kombiner de formalede hør- eller chiafrø med 4 spiseskefulde vand i et glas eller en skål.
b) Rør godt rundt og stil til side i et par minutter.
c) Hak hampfuen og grøntsagerne fint med en foodprocessor.
d) Bland den finthakkede hampfu og grøntsager med mandelmel, hørfrøgelé og halvdelen af olivenolien i en skål eller foodprocessoren.
e) Smag til med salt, peber, paprika eller andre krydderier efter eget valg.
f) Form otte bøffer og steg hver burger i olivenolie, indtil den er gennemstegt og gyldenbrun på hver side.
g) Du kan også bage burgerne i en forvarmet ovn eller Airfryer ved 350°F.
h) Mos imens avocadoerne med en gaffel og rør olivenolien i.
i) Smag til med citronsaft eller æblecidereddike, peber og salt for simpel guacamole.
j) Server hver burger på to salatblade for at erstatte burgerbollen med tomat, guacamole, og om ønsket noget tyndt skåret rødløg, syltet agurk og romescosauce.

BURGER SKÅLE

11. Veggie burger i en skål

INGREDIENSER:
VEGGIE BURGER I EN SKÅL
- 4 kopper revet salat
- 1 pint cherrytomater halveret
- 2 avocadoer i tern
- 1 kop krydrede syltede løg
- ½ kop hakkede cornichons, hvis du har lyst
- 4 veggie burger frikadeller skåret i tern eller smuldret

VEGAN BURGERSAUCE
- ½ kop tahini pasta
- 1 fed hvidløg
- 1 spsk frisk dild eller 1 tsk tørret
- 2 spsk friskpresset citronsaft
- salt og peber
- ¼ kop vand

INSTRUKTIONER:
a) For at lave vegansk burgersauce skal du piske tahini, hvidløg, citronsaft, dild, salt og peber sammen.
b) Pisk nok vand i til at fortynde saucen til en hældbar konsistens.
c) For at lave Veggie Burger Bowls, lag burgerfikseringer i individuelle salatskåle.
d) Top med smuldrede veggie-burgerfrikadeller, og dryp med vegansk burgersauce.

12. Grillede grøntsager burger skåle

INGREDIENSER:
- 2 veganske burgerbøffer
- 1 kop blandet grønt

GRILLET GRØNT
- 1 zucchini, skåret i skiver
- 1 peberfrugt, i tern
- 1 aubergine, skåret i skiver
- 1 tomat, halveret
- Asparges spyd

VALGFRIE TILFØJELSER
- 1 tsk sesamfrø
- 1 spsk blandede nødder
- Kimchi
- syltede løg

FORBINDING
- Vegansk tahini

INSTRUKTIONER:
a) Forvarm grillen til høj.
b) Grill burgere og grøntsager, skru ned for varmen efter markering.
c) Saml skåle med grønt, grillede grøntsager, burger og skedressing over toppen og tilføj eventuelle valgfrie tilføjelser, som du kan lide.

13. Teriyaki burger skåle

INGREDIENSER:
- 4 plantebaserede burgere, kogte
- 2 kopper kogt quinoa
- 1 kop babyspinat
- 1 kop agurker i tynde skiver
- 1 kop dampet, afskallet edamame
- 1/2 kop radiser i skiver
- 1 kop revet gulerødder
- 2 grønne løg, skåret i skiver
- 1/4 kop rødløg, skåret i tynde skiver
- 1 stor avocado, kernet og skåret i tynde skiver
- 1/2 kop forberedt teriyaki sauce

INSTRUKTIONER:
a) Tilbered burgere og ris efter pakkens anvisning.
b) Anret toppings på et stort fad sammen med sauce og tilberedte burgere.
c) Fordel ris jævnt mellem fire serveringsskåle.
d) Saml din skål begyndende med spinat og tilsæt mindre toppings efter ønske.
e) Top med en forberedt plantebaseret burger og dryp med teriyaki sauce.

14.Skål med mayo-sennepssauce

INGREDIENSER:
LINSER
- 1 spsk olivenolie
- 1 hvidt, rødt eller gult løg i tern
- ¼ tsk salt
- 450 g kogte linser
- ¼ kop grøntsagsfond
- 2 spsk glutenfri Worcestershire sauce
- 1 spsk dijonsennep
- 1 spsk tamari
- 1 tsk sukker
- ½ tsk hvidløgspulver
- 1 tsk kværnet sort peber

MAYO-SENNEPSSAUCE
- ¼ kop vegansk mayonnaise
- 1 spsk tomatpure
- 2 tsk sennep
- 2 tsk 10 ml syltesaft
- 2 spsk pickles, fint skåret
- ¼ tsk hvidløgspulver
- ½ tsk paprika
- ½ tsk havsalt
- 15 ml vand

SALAT SKÅL
- 2 hoved romainesalat, hakket
- 2 kopper cherrytomater, skåret i skiver
- 2 modne avocadoer, udstenede og skåret i skiver
- 1 rødløg, skåret i tynde skiver
- 1 kop pickles, skåret i skiver

INSTRUKTIONER:
LINSER

a) Varm olie op i en gryde eller pande over varme. Tilsæt de hakkede løg og ¼ tsk salt og svits i 7-10 minutter, indtil de er bløde og gennemsigtige.
b) Tilsæt linserne og kog indtil de er næsten helt brune i cirka 5 minutter.
c) Skru op for varmen og tilsæt grøntsagsfond, worcester og sennep, sojasauce, sukker, hvidløgspulver og sort peber. Kog indtil væskerne er fordampet.
d) Sluk for varmen og tag gryden ud af blusset. Stil til side, indtil du er klar til at konstruere dine burgerskåle.
e) Tilsæt alle ingredienserne til saucen i en skål og bland det hele, indtil det er blandet. Smag til og smag til med mere salt efter behov.

MONTAGE

f) Fordel den hakkede salat mellem fire skåle. Tilsæt snittede løg, avocado, cherrytomater og pickles.
g) Top med linser og dryp sauce over skålene.

15. Veggie burger skål & spidskål

INGREDIENSER:
PATSER
- 150 g bulgurhvede
- grøntsagsfond til iblødsætning
- 1 gulerod
- 1 finthakket løg
- 1 fed hvidløg
- 1 spsk mel
- 1 spiseskefuld hakket fladbladet persille
- 1 vegansk æg-erstatning
- revet kartoffel om nødvendigt
- 1 tsk stødt koriander
- salt
- friskkværnet peber

TOPPINGS
- 50 g sesamfrø
- 150 g spidskål
- 1 gulerod
- 2 spiseskefulde riseddike
- 1 spsk sesamolie
- salt
- friskkværnet peber
- ½ agurk
- 4 spiseskefulde ketchup

INSTRUKTIONER:
a) Udblød bulgurhveden på lager.
b) Skær, skræl og riv guleroden fint.
c) Kom bulguren, let afkølet, i en skål med gulerod og hakket løg. Pil hvidløget og knus det over.
d) Tilsæt mel, persille og vegansk æg-erstatning, og ælt.
e) Tilsæt lidt vand eller lidt revet kartoffel og arbejd i, hvis blandingen er for tør. Krydr efter smag.
f) Form blandingen til 4 bøffer med fugtige hænder og grill på hver side i cirka 4-5 minutter.

g) For at lave toppings tørsteg sesamfrøene på en pande. Skær og vask kålen, tør og skær den i tynde skiver. Skræl og riv guleroden.
h) Lav en dressing med eddike, olie, salt og peber, og rør det i kål og gulerod. Vend sesamfrøene i salaten. Skræl og skær agurken i skiver.
i) Anret snittet agurk og kål i en skål. Top med frikadeller og et skvæt ketchup.

16. Veggie Burger Burrito skål

INGREDIENSER:
- 2 plantebaserede burgere
- 4 kopper grøntsalat
- 1/2 kop brune ris
- 1 mellemstor sød kartoffel i tern
- 1/2 kop kogte sorte bønner
- 1 lille moden avocado, udstenet og kød, skåret i tynde skiver
- 1/2 kop pico de gallo
- yndlingsdressing

INSTRUKTIONER:
a) Kog ris i henhold til pakkens anvisninger; læg til side, når du er færdig.
b) Forvarm ovnen til 375ºF og beklæd bagepladen med bagepapir.
c) Læg søde kartofler i tern på en foret bageplade og dryp med olivenolie; brug dine hænder til at belægge helt.
d) Bag søde kartofler i cirka 20 minutter, eller indtil de er bløde.
e) Kog burgeren efter de angivne instruktioner.
f) Fordel bladgrønt, ris, kogte søde kartofler, sorte bønner, skiver avocado og pico de gallo mellem to skåle.
g) Top med en let afkølet burger og dryp på din yndlingsdressing.

17. Burgere med tofu skål

INGREDIENSER:
PATSER
- ½ kop Bulgur
- 2 gulerødder, revet
- 4 ounces fast tofu
- 1 vegansk æg-erstatning
- 3 spsk Hakket frisk mynte
- 3 spsk Hakket spidskål
- ¼ tsk cayennepeber
- ⅓ kop Almindelig panko , tørret
- ⅓ kop Mel, delt brug
- 2 spsk let ketchup
- 2 tsk dijonsennep

AT TJENE
- 4 romainesalatblade
- 4 tomatskiver
- ½ kop Alfalfa spirer

INSTRUKTIONER:
a) I en overdækket gryde bringes vandet og saltet i kog over varme.
b) Tilsæt bulgur og gulerødder, og tag det af varmen .
c) Mos tofuen i en skål.
d) Rør bulgurblandingen, vegansk æg-erstatning, mynte, spidskål og cayenne i, mens du rører godt.
e) Rør panko , ¼ kop mel, ketchup og sennep i.
f) Form bulgurblandingen til bøffer, og steg.
g) Saml serveringsingredienserne i en skål.

VEGGIE RULLER

18. Sommerruller med Chile-Lime Dipping Sauce

INGREDIENSER:
- 2 spsk fiskesauce
- 2 spsk limesaft
- 2 spsk sukker
- 2 spsk vand
- 1 lille rød chili, stødt
- 4 ounce ris vermicelli
- 12 5-tommer runde rispapirindpakninger
- ½ rød peberfrugt, skåret i strimler
- ½ gul peberfrugt, skåret i strimler
- ½ avocado, skåret i skiver
- 2 kopper lucernespirer
- 6 store basilikumblade, skåret i skiver

INSTRUKTIONER:

a) I en lille røreskål kombineres fiskesauce, limesaft, sukker, vand og chili under omrøring for at opløse sukkeret.

b) I en mellemstor gryde bringes lidt vand i kog.

c) Kog, under konstant omrøring, i 1 minut, eller indtil vermicelli er godt kogt; dræn og afkøl i en skål, vend jævnligt.

d) Fyld et lille bassin halvt med vand. 2 rispapirer ad gangen skal dyppes i vandet, rystes overskydende af, overføres til en arbejdsflade og lades blødgøre i 30 sekunder.

e) På den nederste tredjedel af hvert rispapir lægges en lille håndfuld vermicelli. Tilføj to strimler af rød og gul peberfrugt, en strimmel avocado, en strimmel agurk og en stor håndfuld lucernespirer til toppen. Tilføj et par basilikumstrimler som prikken over i'et.

f) Flad ingredienserne ud og rul dem sammen i rispapir, fold dem på siderne efterhånden.

g) Tryk fast for at forsegle. Brug de resterende rispapirer og fyld til at gentage processen.

h) Når alle rullerne er færdige, deles dem i halve diagonalt og serveres med dipsauce.

19.Grøntsagsruller med bagt krydret tofu

INGREDIENSER:
- 1-ounce bønnetråd nudler, kogt og drænet
- 1½ kopper Napa-kål, strimlet
- ½ kop gulerod, revet
- ⅓ kop spidskål, skåret i tynde skiver
- 12 runde rispapir (8" diameter)
- 4 ounce bagt krydret tofu (1 kop)
- 24 store basilikumblade
- Peanut Miso Dressing

INSTRUKTIONER:
TIL FYLDET:
a) Klem forsigtigt de kogte bønnetrådsnudler for at frigive overskydende fugt, og hak dem derefter groft.
b) I en stor skål, smid de kogte nudler, strimlet Napa-kål, revet gulerod og tyndt skåret spidskål sammen.
TIL SAMLING AF FORÅRSRULLERNE:
c) Fyld en 10-tommer tærteplade med varmt vand. Nedsænk et af rispapirerne i vandet og læg det i blød, indtil det er bøjeligt, hvilket bør tage omkring 30 til 60 sekunder.
d) Overfør det blødgjorte rispapir til et rent køkkenrulle og dup det forsigtigt for at fjerne overskydende vand.
e) Arranger cirka ¼ kop af nudelblandingen langs den nederste tredjedel af rispapiret.
f) Fordel 5 eller 6 tern af den bagte krydrede tofu og 2 basilikumblade oven på nudlerne.
g) Løft den nederste kant af rispapiret over fyldet, fold siderne ind mod midten, og rul så forårsrullen op så stramt som muligt.
h) Gentag denne proces med de resterende rispapirer og fyld.
TIL PEANUT MISO-DRESSING:
i) Fordel Peanut Miso Dressing mellem flere små skåle og server den sammen med forårsrullerne til dypning.
AT TJENE:
j) Server grøntsagsforårsrullerne med det samme, eller stil dem på køl i en tæt lukket beholder i op til 2 dage (vend tilbage til stuetemperatur før servering).
k) Nyd dine grøntsagsforårsruller med bagt krydret tofu og jordnøddemisodressing! Disse ruller er en dejlig og sund snack eller forret.

20.Ruller af rispapir med svampe

INGREDIENSER:
- 1 spsk sesamolie
- 2 fed hvidløg, knust
- 1 tsk revet ingefær
- 2 skalotteløg, fint skåret
- 300 g champignon, hakket
- 40 g kinakål, fintrevet
- 2 tsk sojasovs med lavt saltindhold
- 16 store ark rispapir
- 1 bundt frisk koriander, blade plukket
- 2 mellemstore gulerødder, skrællede, fint skåret
- 1 kop bønnespirer, trimmet
- Ekstra saltfattig sojasovs til servering

INSTRUKTIONER:
FORBERED SVAMPEFYLDET
a) Varm sesamolie, presset hvidløg og revet ingefær op i en stegepande ved svag varme i 1 minut.
b) Tilsæt skalotteløg i fint tern, hakkede champignon og revet kinakål på panden.
c) Øg varmen til medium og kog i 3 minutter eller indtil ingredienserne er lige møre.
d) Overfør den kogte blanding til en skål, tilsæt sojasovs med lavt saltindhold, og stil det til side til afkøling.
Blødgør RISPAPIRSARKENE
e) Fyld en stor skål med varmt vand.
f) Læg 2 ark rispapir ad gangen i vandet for at blødgøre i cirka 30 sekunder. Sørg for, at de bliver bløde, men stadig faste nok til at håndtere.
SAMLER RULLERNE
g) Fjern de blødgjorte rispapirark fra vandet og dræn dem godt. Læg dem på et fladt bord.
h) Drys hver plade med friske korianderblade og læg den derefter sammen med en anden ark rispapir.
i) Top det dobbeltlagede rispapir med en spiseskefuld af svampeblandingen, og pas på at dræne overskydende fugt af.

j) Tilsæt julienerede gulerod og bønnespirer oven på svampeblandingen.
k) Fold enderne af rispapiret ind og rul arket fast.
l) Læg den forberedte rulle til side og dæk den med plastik.
m) Gentag processen med de resterende ingredienser for at skabe flere ruller.
n) Server champignonrispapirrullerne med det samme med ekstra saltfattig sojasovs til dypning.

21.Avocado- og grøntsagsrispapirruller

INGREDIENSER:
- 8 små rispapirsindpakninger
- ½ kop strimlet icebergsalat
- ¾ kop (50 g) bønnespirer, trimmet
- 1 lille gulerod, skrællet og revet
- 1 mellemstor libanesisk agurk, skrællet og skåret i bånd
- 1 mellemstor avocado, skrællet og skåret i strimler
- Sød chilisauce, til servering

INSTRUKTIONER:
a) Hæld varmt vand i en varmefast skål, indtil det er halvt fyldt.
b) Dyp det ene rispapir i vandet og læg det på en flad overflade.
c) Lad det stå i 20 til 30 sekunder, eller indtil det bliver blødt nok til at rulle uden at flække.

SAMLER RISPAPIRSRULLER
d) Læg en fjerdedel af den revne salat langs den ene kant af det blødgjorte rispapir.
e) Top salaten med en fjerdedel af bønnespirerne, revet gulerod, agurkebånd og avocadostrimler.
f) Fold enderne af indpakningen ind og rul den derefter fast for at omslutte fyldet.
g) For at forhindre rullen i at tørre ud, dæk den med et fugtigt viskestykke.
h) Gentag denne proces med de resterende rispapirindpakninger og fyld.
i) Server avocado- og grøntsagsrispapirrullerne med sød chilisauce til dypning.
j) Nyd disse lette og sunde rispapirruller fyldt med godheden fra frisk avocado og grøntsager!

22.Regnbueruller med Tofu-peanutsauce

INGREDIENSER:
- 12 runde 22 cm rispapir
- 2 avocadoer, skåret i tynde skiver
- 24 friske korianderkviste
- 24 store friske mynteblade
- 300 g rødkål, fintrevet
- 2 store gulerødder, skåret i tændstik
- 2 libanesiske agurker, uden kerner, skåret i tændstik
- 100 g bønnespirer, trimmet
- 3 grønne skalotteløg, skåret i tynde skiver

TOFU PEANUTSAUCE:
- 150 g Silken Tofu
- 70 g (¼ kop) naturligt glat jordnøddesmør
- 2 spsk risvinseddike
- 1 spsk Shiro misopasta (hvid misopasta)
- 3 tsk honning
- 3 tsk fintrevet frisk ingefær
- 2 tsk tamari
- 1 lille fed hvidløg, knust

INSTRUKTIONER:
TOFU PEANUTSAUCE:
a) Kom alle ingredienserne til tofusauce i en blender og blend til en jævn masse. Sæt til side.

SAMLING AF RAINBOW RISPAPIRSRULLER:
b) Dyp et rispapir i koldt vand i 10-20 sekunder, eller indtil det begynder at blive blødt. Dræn det på et rent viskestykke og læg det på en arbejdsflade.

c) Top rispapirindpakningen med 2 avocadoskiver, 2 korianderkviste, 2 mynteblade, en portion rødkål, gulerod, agurk, bønnespirer og skalotteløg.

d) Fold enderne af rispapiret ind og rul det fast sammen for at omslutte fyldet.

e) Gentag denne proces med de resterende indpakninger.

f) Servér regnbue-rispapirrullerne med tofu-peanut-sauce ved siden af til dypning.

23. Mango forårsruller

INGREDIENSER:
- 2 ounce tynde ris vermicelli
- 8 rispapircirkler (8 ½ tommer i diameter)
- 4 store salatblade, ribben fjernet, blade halveret på langs
- 1 stor gulerod, revet
- 2 mangoer, skrællet og skåret i skiver
- ½ kop friske basilikumblade
- ½ kop friske mynteblade
- 4 ounce friske bønnespirer (1 kop)
- Krydret thailandsk vinaigrette

INSTRUKTIONER:

a) Start med at lægge ris vermicelli i blød i 2 kopper varmt vand i cirka 15 minutter. Når de er gennemblødte, drænes de og stilles til side.

b) Dyp derefter et ark rispapir i varmt vand, omkring 110 grader Fahrenheit, og overfør det derefter til en arbejdsflade, der er dækket med et fugtigt køkkenhåndklæde.

c) Vent i cirka 30 sekunder, eller indtil indpakningen bliver smidig. Læg nu et salatblad på de nederste to tredjedele af rispapiret, og sørg for, at du efterlader en 2-tommers kant af papir på bunden.

d) Læg i lag 2 spsk vermicelli, 1 spsk revet gulerødder, 2 skiver mango, 1 spsk hver af basilikum og mynte og 2 spsk bønnespirer oven på salaten.

e) Fold den nederste 2-tommers kant af rispapiret op over fyldet, og fold det derefter opad igen for at omslutte fyldet. Fortsæt med at folde højre kant ind og derefter venstre kant af indpakningen. Bliv ved med at folde, indtil der er dannet en tæt cylinder.

f) Overfør den færdige forårsrulle til en serveringsbakke og dæk den med et fugtigt køkkenrulle for at holde den frisk.

g) Fortsæt med at fylde og rulle, indtil du har brugt alle ingredienserne.

h) Disse mango-forårsruller nydes bedst med den krydrede thailandske vinaigrette som dipsauce.

24. blandet frugt med jordbærsauce

INGREDIENSER:
TIL FRUGT FORÅRSRULLENE:
- 1 kop jordbær, skåret i kvarte
- 2 kiwi, skåret i skiver
- 2 appelsiner, skåret i skiver
- 1 mango, skåret i strimler
- 2 ferskner, skåret i strimler
- ½ kop kirsebær, udstenede og skåret i halve
- ½ kop blåbær
- ½ kop hindbær
- 1 stjerne frugt
- 8 ark vietnamesisk rispapir
- Friske mynteblade

TIL JORDBÆR-DIPPESAUSEN:
- 2 kopper jordbær
- 1 passionsfrugt

TIL CHOKOLADESAUSEN:
- 1 kop mørk chokolade, smeltet

INSTRUKTIONER:
FORBEREDELSE AF FRUGT FORÅRSRULLER:
a) Skær alle frugterne i små stykker. Brug eventuelt en stjerneformet udskærer til mangoen.
b) Fyld en lav skål med vand og dyp de vietnamesiske rispapirark i vandet, og sørg for, at de bliver moderat våde på begge sider. Pas på ikke at ligge dem i blød for længe, da de kan blive for bløde.
c) Når du har lagt rispapirerne i blød, læg en del af de tilberedte frugter på hvert ark rispapir.
d) Placer dem i midten og rul dem derefter sammen som en burrito, og fold de to sideflapper ind, mens du går.
AT LAVE JORDBÆR-DIPPESAUSEN:
e) Kombiner jordbærene og frugtkødet af passionsfrugten i en blender.
f) Blend indtil glat. Dette vil være din jordbærsovs.
BETJENER:
g) Server frugtforårsrullerne med jordbærsovsen. Du kan også tilbyde smeltet mørk chokolade som en alternativ dyppemulighed.
h) Nyd dine forfriskende og sunde frugtforårsruller på varme sommerdage!

25.Tropisk frugt sommerruller

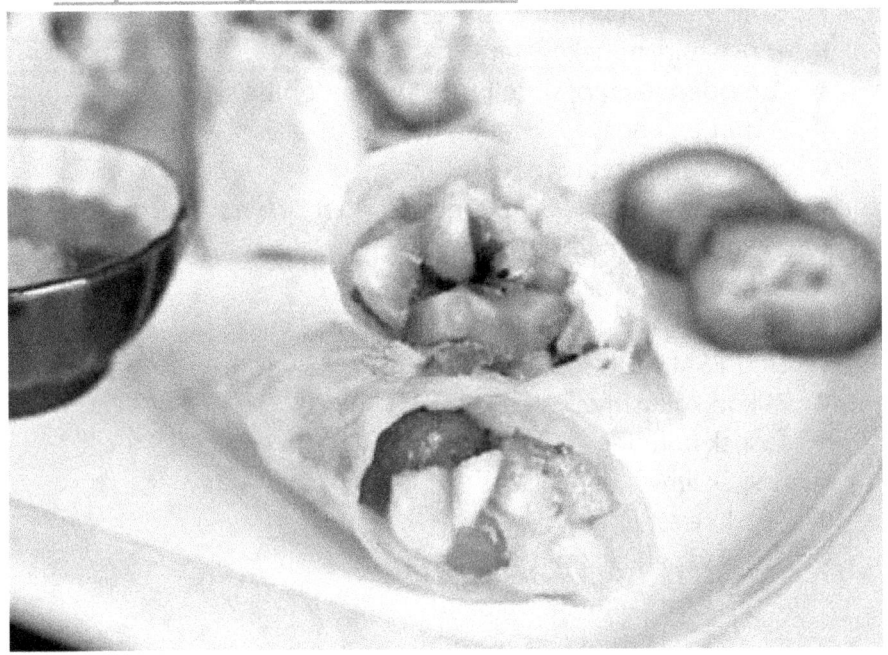

INGREDIENSER:
TIL SOMMERRULLENE:
- 8 rispapirsindpakninger
- 1 moden mango, skrællet og skåret i tynde skiver
- 1 moden papaya, skrællet, frøet og skåret i tynde skiver
- 1 banan, skåret i tynde skiver
- ½ ananas, skrællet, udkernet og skåret i tynde skiver
- ½ kop friske mynteblade
- ½ kop friske basilikumblade (valgfrit)
- ½ kop friske korianderblade (valgfrit)

TIL DIPPESAUSEN:
- ¼ kop kokosmælk
- 2 spsk honning
- 1 spsk limesaft
- ½ tsk revet limeskal
- ½ tsk vaniljeekstrakt

INSTRUKTIONER:
TIL DIPPESAUSEN:
a) I en lille skål piskes kokosmælk, honning, limesaft, limeskal og vaniljeekstrakt sammen, indtil det er godt blandet. Sæt til side.

TIL SOMMERRULLENE:
b) Forbered alle frugter og krydderurter ved at vaske og skære dem i tynde strimler.
c) Fyld et lavt fad med varmt vand. Arbejd en ad gangen og læg en rispapirsindpakning i det varme vand i cirka 10-15 sekunder, eller indtil det bliver blødt og smidigt.
d) Løft forsigtigt det blødgjorte rispapir og læg det på en ren overflade, såsom en tallerken eller et skærebræt.
e) På den nederste tredjedel af rispapiret lægges skiver af mango, papaya, banan og ananas i lag. Tilføj en håndfuld friske mynteblade, og hvis det ønskes, basilikum og korianderblade for ekstra smag.
f) Fold rispapirets sider ind, og rul det derefter stramt sammen, som at rulle en burrito.
g) Gentag processen med de resterende rispapirindpakninger og frugt.
h) Server de tropiske frugtsommerruller med den tilberedte dipsauce.

26.Ruller af rispapir med bær og grøntsager

INGREDIENSER:
TIL SOMMERRULLENE:
- 10 rispapirsindpakninger (vælg mellem to størrelser: sommerruller)
- 1,5 kopper kogte vermicelli nudler (valgfrit for tilføjede kulhydrater)
- ½ kop jordbær
- ½ kop hindbær
- ½ kop brombær

VEGGIES:
- 1 lille romainesalat
- 1 gulerod
- ½ agurk
- 1 peberfrugt
- ½ kop lilla blomkål (valgfrit)
- ½ kop rødkål
- 1 avocado
- En håndfuld koriander
- En håndfuld frisk mynte
- En håndfuld thaibasilikum
- Spiselige blomster (valgfrit)

PROTEIN (VALGFRI):
- ½ kop tofu

DIPS OG DRESSINGER:
- Peanut dipping sauce
- Salatdressing (jordbær-, hindbær- eller brombærdressing)

INSTRUKTIONER:
FORBERED FYLDNINGERNE
a) Begynd med at koge vermicelli nudlerne i henhold til pakkens anvisninger, og sørg for, at de køles helt af. Det går godt at blanchere dem kort og skylle dem med koldt vand.
b) Forbered frugterne og grøntsagerne ved at skære dem i tynde skiver eller julienne-stil. Du kan også bruge stempler til at skabe sjove former som hjerter, blomster eller stjerner. Til tofu skal du julienne den i tynde stafetstykker.

FORBERED DIN DIPPESAUCE/S

c) Du har forskellige muligheder for dipping saucer, såsom peanut butter dipping sauce, mango sweet chili sauce eller bærdressinger (jordbær, hindbær eller brombær).

d) Alternativt kan du servere rullerne med sojasovs.

FORBERED RISPAPIRET

e) Blødgør rispapirets indpakninger en ad gangen ved at dyppe dem i varmt vand i 5-10 sekunder.

f) Fjern dem, når de bliver bøjelige, men ikke helt bløde. Lad overskydende vand dryppe af og læg det på en flad overflade, som et fugtigt skærebræt eller køkkenrulle.

SAMLER SOMMERRULLENE

g) At fylde rullerne er ligetil. Start omkring en tomme fra indpakningskanten og lag dine fyldninger, såsom grøntsager, tofu (valgfrit), bærskiver og urter. Du kan også tilføje risnudler, hvis det ønskes.

h) Overvej rækkefølgen af ingredienser, da de først placerede vil være toppen af rullen.

i) For at pakke rullerne ind, stik i kanterne og rul gentagne gange, indtil de er forseglet. Det svarer til at rulle en burrito.

j) For æstetisk tiltalende ruller, drys frø og arrangere formede skiver af frugt eller grøntsager, før du tilføjer de resterende ingredienser.

k) Disse sommerruller nydes bedst med det samme eller samme dag. Server dem med din foretrukne dipsauce/s.

l) Opbevar eventuelle rester i køleskabet, individuelt indpakket for at forhindre, at rispapiret tørrer og revner.

m) Lad dem vende tilbage til stuetemperatur før indtagelse.

27.Rose-inspirerede rispapirruller

INGREDIENSER:
- 6 ounce tørrede ris vermicelli nudler
- ½ kop friskplukkede kulinariske rosenblade
- 12 cirkulære rispapirer
- 1 ¼ kopper tynde skiver radiser og/eller engelske agurker
- ¼ kop friske mynteblade
- ¼ kop friske korianderblade

ROSEDYPPESAUCE
- ¼ kop sojasovs
- ¼ kop roseneddike

INSTRUKTIONER:
a) I en stor gryde koges nudlerne i kogende letsaltet vand i 2 til 3 minutter, eller indtil de lige er møre. Dræn og skyl under koldt vand, dræn derefter godt af.

b) Skær de afkølede nudler i korte stykker i en rummelig skål og vend dem med ¼ kop rosenblade.

c) For at samle rullerne: Hæld varmt vand i en lav skål eller tærtefad. Tag et rispapir ad gangen, og dyp det i vandet, indtil det bliver smidigt.

d) Læg omkring ¼ kop risnudler omkring en tredjedel af vejen op fra bunden, mod midten af rispapiret. Fold den nederste kant op over fyldet og rul stramt én gang.

e) Læg nogle af grøntsagerne, krydderurterne og de resterende rosenblade på papiret over den rullede del. Stik siderne ind, og fortsæt med at rulle for at forsegle rispapiret rundt om fyldet.

f) Gentag denne proces med de resterende rispapirer. Server rullerne med Rose Dipping Sauce.

ROSEN-DIPPESAUS:
g) Kombiner ¼ kop sojasovs og ¼ kop roseneddike i en lille skål.

h) Drys med groftkværnet sort peber.

28. Tofu og Bok Choy rispapirruller

INGREDIENSER:
- 12 friske babymajs, halveret vandret
- 24 baby bok choy blade
- 300 gram fast silketofu
- 2 kopper (160 g) bønnespirer
- 24 x 17 cm firkantede rispapirark

CHILLISAUCE:
- ⅓ kop (80 ml) sød chilisauce
- 1 spsk sojasovs

INSTRUKTIONER:

a) Kog, damp eller mikroovn majs og bok choy separat, indtil de er møre. Dræne.

b) Kombiner imens ingredienserne til chilisaucen i en lille skål.

c) Halver tofuen vandret og skær hver halvdel i 12 lige strimler.

d) Kom tofuen i en mellemstor skål og bland den med halvdelen af chilisaucen.

e) Læg et ark rispapir i en mellemstor skål med varmt vand, indtil det lige er blødt.

f) Løft forsigtigt lagenet op af vandet og læg det på et viskestykke beklædt med et hjørne pegende mod dig.

g) Placer en tofu-strimmel vandret i midten af arket, og top den derefter med et stykke majs, et bok choy-blad og et par spirer.

h) Fold hjørnet mod dig ind over fyldet, rul derefter rispapiret for at omslutte fyldet, fold det ind på den ene side efter den første runde af rullen.

i) Gentag denne proces med de resterende rispapirark, tofu, majs, bok choy og spirer.

j) Server rullerne med den resterende chilisauce til dypning.

PIZZA

29. Sød og krydret ananaspizza

INGREDIENSER:
- Ekstra jomfru olivenolie, til smøring
- ½ pund æltefrit brød og pizzadej
- ½ kop Chipotle Salsa
- ¼ kop frisk koriander eller basilikum, hakket
- 1 kop revet vegansk ost
- 1 kop friske ananas stykker
- ½ kop revet vegansk ost
- 2 grønne løg, hakket
- 1 kop baby rucola

INSTRUKTIONER:
a) Forvarm ovnen til 450°F. Smør en bageplade.
b) På en let meldrysset arbejdsflade rulles dejen ud til en ¼-tommer tykkelse.
c) Overfør forsigtigt dejen til den forberedte bageplade. Fordel chipotlesalsaen over dejen, efterlad en 1-tommers kant.
d) Drys koriander på, derefter fontina. Læg ananasen ovenpå og afslut med vegansk ost.
e) Bag pizzaen, indtil skorpen er gylden, og osten er smeltet i 10 til 15 minutter.
f) Top med grønne løg og rucola. Skær og server.

30. Nektarin hvid pizza

INGREDIENSER:
- 2 spiseskefulde ekstra jomfru olivenolie, plus mere til smøring og drypning
- ½ pund æltefrit brød og pizzadej
- 1 spsk hakket frisk purløg
- ¼ kop let pakkede friske basilikumblade, hakket, plus mere til pynt
- 1 fed hvidløg, revet
- 1 tsk knuste røde peberflager
- 1½ dl revet vegansk ost
- 1 nektarin eller fersken, skåret i tynde skiver
- Kosher salt og friskkværnet peber
- 6 brombær
- Balsamicoeddike, til drypning
- Skat, til støvregn

INSTRUKTIONER:
a) Forvarm ovnen til 450°F. Smør en bageplade.
b) Rul dejen ud til en ¼-tommer tykkelse.
c) Overfør forsigtigt dejen til den forberedte bageplade.
d) Fordel de 2 spsk olivenolie over dejen, efterlad en 1-tommers kant, og drys derefter den hakkede purløg og basilikum, hvidløg og rød peberflager på. Tilsæt den veganske ost.
e) Læg nektarinerne ovenpå og dryp let med olivenolie. Smag til med salt og peber. Bages indtil skorpen er gylden og osten er smeltet, 10 til 15 minutter.
f) Top med skåret basilikum og brombær, hvis det ønskes, og dryp med eddike og honning. Skær og server.

31. Bbq jordbærpizza

INGREDIENSER:
- 1 pizzadej
- 1 kop vegansk ost plus mere til pynt
- 2 spsk balsamico glasur
- 2 kopper skåret jordbær
- ⅓ kop hakket basilikum
- peber efter smag
- 1 spsk olivenolie til at dryppe af

INSTRUKTIONER:
a) Tilbered pizzabund på grillen eller i ovnen.
b) Fjern fra varmen og fordel med urtede cashewflødeost.
c) Drys på med basilikum og jordbær.
d) Dryp med olivenolie og balsamicoglasur og pynt med peber og mere vegansk ost.

32. Figen og Radicchio Pizza

INGREDIENSER:
- 3 tørrede Mission figner
- ½ kop tør rødvin
- 2 spsk rå valnøddestykker
- Mel til alle formål
- 6 ounce kugle No-Ælt pizzadej
- 2 spsk ekstra jomfru olivenolie
- ½ hoved radicchio, strimlet
- 2 ounce vegansk ost, skåret i stykker

INSTRUKTIONER:
a) Forvarm slagtekyllingen med stativsættet 5 tommer fra elementet eller flammen. Hvis du bruger en støbejernsgryde eller stegepande til pizzaen, skal du sætte den over medium-høj varme, indtil den bliver rygende varm, cirka 15 minutter.
b) Overfør stegepanden eller stegepanden til slagtekyllingen.
c) Kom figner i en stegepande ved moderat varme, hæld vinen i og bring det i kog. Sluk for varmen og lad fignerne trække i mindst 30 minutter. Dræn, og skær derefter i ½ tomme stykker.
d) Rist valnøddestykkerne i en tør stegepande over medium-høj varme i 3 til 4 minutter. Overfør til en tallerken, lad afkøle, og hak derefter groft.
e) For at forme dejen, drys en arbejdsflade med mel og læg dejkuglen på den.
f) Drys med mel og ælt et par gange, indtil dejen er samlet.
g) Form den til en 8-tommers runde ved at trykke fra midten ud mod kanterne og efterlade en 1-tommers kant tykkere end resten.
h) Åbn ovndøren, og skub hurtigt risten ud med kogefladen på. Tag dejen op og overfør den hurtigt til kogefladen, pas på ikke at røre overfladen.
i) Dryp 1 spiseskefuld olie på dejen, fordel valnøddestykkerne ovenpå, derefter radicchio, derefter hakkede figner og derefter ost.
j) Skub risten tilbage i ovnen og luk lågen. Steg pizzaen, indtil skorpen er pustet op rundt om kanterne, pizzaen er sort i pletter, og osten er smeltet i 3 til 4 minutter.
k) Fjern pizzaen med en træ- eller metalskræl eller en firkant af pap, flyt den over på et skærebræt, og lad den hvile et par minutter.
l) Dryp den resterende 1 spsk olie ovenpå, skær pizzaen i kvarte, kom den over på en tallerken og spis.

33.Pizza Bianca med ferskner

INGREDIENSER:
- 12 oz pizzadej
- universalmel, til drys
- 2 spsk olivenolie
- 3 fed hvidløg, finthakket
- 2 ferskner, skåret i skiver
- 12 oz vegansk mozzarella, skåret i stykker
- ½ kop revet vegansk mozzarella
- kværnet peber til at drysse
- ¼ kop tætpakkede basilikumblade
- 1 spsk balsamicoglasur, til drypning

INSTRUKTIONER:
a) Forvarm ovnen til 450F/230C. Drys en pizzasten med universalmel. Flad pizzadejen ud til en ru cirkel, ¼ tomme tyk. Mal med olivenolie og drys med hakket hvidløg.
b) Pynt pizzaen med de skivede ferskner og mozzarellastykker, drys med revet mozzarella og en smule peber.
c) Kog i 15 til 20 minutter, eller indtil kanterne er gyldenbrune og mozzarellaen bobler i midten. Fjern fra varmen og lad afkøle i 5 minutter.
d) Pynt pizzaen med friske basilikumblade og dryp med balsamicoglasur.

34. Vegansk vandmelon frugtpizza

INGREDIENSER:
- ½ kop usødet kokosmælk yoghurt alternativ
- 1 tsk ren ahornsirup
- ¼ tsk vaniljeekstrakt
- 2 store runde skiver vandmelon, skåret fra midten af melonen
- ⅔ kop skåret jordbær
- ½ kop halverede blåbær eller brombær
- 2 spsk ristede usødede kokosflager

INSTRUKTIONER:
a) Kombiner yoghurtalternativer, ahornsirup og vanilje i en lille skål.
b) Fordel ¼ kop af yoghurtblandingen over hver vandmelonrunde.
c) Skær hver runde i 8 skiver.
d) Top med jordbær og blåbær.
e) Drys med kokos.

35. Bbq Jackfruit Pizza

INGREDIENSER:
TIL JACKFRUGT
- 20-ounce dåse ung grøn jackfrugt i saltlage eller vand IKKE sirup
- ½ kop ketchup
- ¼ kop æblecidereddike
- ¼ kop vand
- 2 spsk tamari eller sojasovs, hvis du ikke undgår gluten
- 1 spsk ahornsirup
- 1 spsk gul sennep
- 1 tsk røget paprika
- 1 tsk hvidløgspulver
- 1 tsk løgpulver

TIL PIZZAEN
- 2 12-tommer flerkornede fladbrød/dej
- ½ opskrift på vegansk mozzarellaost
- ¼ kop rødløg i tynde skiver

INSTRUKTIONER:
a) Start med at lave din veganske mozzarellaost. Stil derefter på køl, mens du forbereder resten, så det stivner lidt, og gør det nemmere at øse på din skorpe.
b) Dræn og skyl din jackfruit meget godt for at vaske saltlagesmagen af. Overfør derefter til en foodprocessor og puls til den er strimlet. Må ikke behandles, du vil have tykke stykker, ikke en fars.
c) Alternativt kan du overføre jackfrugten til et skærebræt og trække stykkerne fra hinanden med fingrene eller to gafler. Sæt til side.

AT KOGE JACKFRUGT
d) Pisk alle sauceingredienserne sammen i en lille skål og stil til side.
e) Læg den revne jackfruit i en gryde og hæld saucen ovenpå. Sautér ved middel varme, bland af og til, indtil saucen for det meste er absorberet. Dette vil tage omkring 8-10 minutter.

MONTAGE
f) Forvarm din ovn til 425 grader F og beklæd en stor bageplade, så den passer til begge fladbrød med bagepapir, eller brug to mindre plader.
g) Fordel jackfrugten mellem dine to fladbrød, og øs den veganske mozzarella med en melonballer eller teske. Hæld osten over hele pizzaen og drys rødløget ovenpå. Bages i 13-18 minutter, eller indtil kanterne er gyldne og mozzarellaen er let smeltet.

36. Butternut Squash Pizza med æbler og pekannødder

INGREDIENSER:
TIL BUTERNUT SQUASH Saucen:
- 4 kopper butternut squash i tern
- 2 spsk ekstra jomfru olivenolie
- 1 mellemstor fed hvidløg, pillet
- 1 spsk ernæringsgærflager
- 1 tsk dijonsennep
- 1 tsk friske timianblade
- Knib røde peberflager
- ½ tsk kosher salt + mere efter smag
- ⅛ tsk friskkværnet sort peber + mere efter smag

TIL PIZZAEN:
- 1 pund 16 ounce hjemmelavet eller købt pizzadej
- 1 portion butternut squash sauce
- 2 mellemstore æbler
- ½ lille rødløg, skåret i tynde skiver
- ⅓ kop pekannødder, hakkede
- 2 spsk olivenolie
- Et par knivspidser kosher salt eller havsalt
- Et par blade frisk timian

INSTRUKTIONER:
a) Forvarm ovnen til 450 grader Fahrenheit.
b) Lav saucen. Fyld en stor gryde halvt fuld med vand og sæt den over høj varme. Tilsæt butternut squash. Bring i kog og kog indtil gaffelmør, 6-7 minutter.
c) Dræn squashen i et dørslag og lad den køle af i et par minutter. Tilføj til kanden på en højhastighedsblender eller skålen på en foodprocessor udstyret med S-bladet. Tilsæt de resterende ingredienser og purér, indtil det er glat. Hvis saucen skal tyndes lidt ud, så tilsæt lidt mere olivenolie, cirka en teskefuld ad gangen.
d) Fordel dejen i den ønskede form og tykkelse på en bageplade eller pizzasten. Tilsæt butternut squash sauce og fordel med en ske. Læg et lag med æbler, så løg, så pekannødder. Dryp med 2 spsk olivenolie og drys et par knivspidser salt over toppen.
e) Bages, indtil skorpen er gylden og gennemstegt, æblerne og løget er møre, og pekannødderne er ristet, men ikke brændt, cirka 10 minutter.
f) Top med frisk timian e.

37. Portobello og sort oliven pizza

INGREDIENSER:
- 1 pizzadej
- 2 spsk olivenolie
- 2 portobellosvampehatte, skåret i ¼-tommers skiver
- 1 spsk finthakket frisk basilikum
- ¼ tsk tørret oregano
- Salt og friskkværnet sort peber
- ½ kop pizzasauce eller marinarasauce

INSTRUKTIONER:
a) Flad den hævede dej lidt ud, dæk den til med plastfolie eller et rent viskestykke, og stil den til side i 10 minutter.
b) Placer ovnristen på det laveste niveau af ovnen. Forvarm ovnen til 450°F. Smør en pizzapande eller bageplade let.
c) Vend den afslappede dej ud på en let meldrysset arbejdsflade og flad den med hænderne, vend og mel ofte, og arbejd den til en 12-tommer runde. Pas på ikke at overanstrenge midten, ellers bliver midten af skorpen for tynd. Overfør dejen til den forberedte pizzapande eller bageplade.
d) I en stegepande opvarmes 1 spsk af olien over moderat varme.
e) Tilsæt svampene og kog indtil de er bløde, cirka 5 minutter. Fjern fra varmen og tilsæt basilikum, oregano og salt og peber efter smag. Rør oliven i og stil til side.
f) Fordel den resterende 1 spsk olie på den forberedte pizzadej, brug fingerspidserne til at fordele den jævnt. Top med pizzasaucen, fordel jævnt til omkring ½ tomme fra dejens kant. Fordel grøntsagsblandingen jævnt over saucen til cirka ½ tomme fra dejens kant.
g) Bages indtil skorpen er gyldenbrun, cirka 12 minutter. Skær pizzaen i 8 tern og server den varm.

38. Vegansk hvid svampepizza

INGREDIENSER:
- 1 pizzadej
- 2 spsk olivenolie
- ½ kop rødløg i tynde skiver
- ¼ kop hakket rød peberfrugt
- 1 kop skiver hvide svampe
- ½ kop pizzasauce eller marinarasauce
- ¼ tsk tørret basilikum
- Salt og friskkværnet sort peber
- 2 spiseskefulde udstenede Kalamata-oliven i skiver

EKSTRA TOPPINGS:
- Sauteret zucchini
- Skivede varme peberfrugter
- Artiskokhjerter
- Soltørrede tomater

INSTRUKTIONER:
a) Placer ovnristen på det laveste niveau af ovnen. Forvarm ovnen til 450°F. Smør en pizzapande eller bageplade let.
b) Når pizzadejen er hævet, flad dejen lidt ud, dæk den med plastfolie eller et rent håndklæde og stil den til side for at slappe af i 10 minutter.
c) Vend dejen ud på en meldrysset overflade og brug dine hænder til at flade den ud, vend og mel ofte, og arbejd den til en 12-tommer runde. Pas på ikke at overanstrenge midten, ellers bliver midten af skorpen for tynd. Overfør dejen til den forberedte pizzapande eller bageplade.
d) I en stegepande opvarmes 1 spsk af olien over moderat varme. Tilsæt løg, peberfrugt og svampe og kog indtil de er bløde, cirka 5 minutter. Fjern fra varmen og sæt til side.
e) Fordel den resterende 1 spsk olie på den forberedte pizzadej, brug fingerspidserne til at fordele den jævnt.
f) Top med pizzasaucen, fordel jævnt til omkring ½ tomme fra dejens kant. Drys med oregano og basilikum.
g) Fordel grøntsagsblandingen jævnt over saucen inden for cirka ½ tomme fra dejens kant.
h) Smag til med salt og sort peber efter smag. Drys med oliven og eventuelt ønsket toppings.
i) Bages indtil skorpen er gyldenbrun, cirka 12 minutter. Skær pizzaen i 8 tern og server den varm.

39. Mini Portobello pizzaer

INGREDIENSER:
- 1 vintomat, skåret i tynde skiver
- ¼ kop friskhakket basilikum
- og peber med lavt natriumindhold
- 4 ounce vegansk ost
- 20 skiver Pepperoni
- 6 spsk olivenolie
- 4 Portobello Svampehatte

INSTRUKTIONER:
a) Skrab hele svampens indre ud.
b) Forvarm ovnen til høj stegning og pensl indersiden af svampene med olivenolie. Smag til med salt og peber.
c) Steg svampen i 3 minutter.
d) Vend svampene og pensl med olivenolie og smag til med salt og peber.
e) B kog yderligere 4 minutter.
f) Læg et tomat- og basilikumblad i hver svamp.
g) Top hver champignon med 5 stykker pepperoni og vegansk ost.
h) Steg i yderligere 2 minutter.

40. Mild mikrogrøn skovpizza

INGREDIENSER:
- 1 pizzadej
- ½ kop chimichurri
- ½ kop frisk vegansk ost, delvis frossen og revet
- 4 ounce cremini champignon, skåret i skiver
- 2 ounce broccolini
- 1½ dl rucola
- ⅓ kop barberet vegansk ost
- Mild blanding af mikrogrønt

INSTRUKTIONER:
a) Overtræk en pizzaskal med majsmel eller semuljemel. Du skal støve din pizzaskal med mere end du tror for at undgå at klæbe, så din pizza glider af på pizzastenen.
b) Sæt afsted til siden.
c) Når du er klar til at forme dejen og bygge din pizza, forvarm din ovn med pizzastenen.
d) Placer stenen i den nederste tredjedel af din ovn og forvarm til 500°.
e) Når min ovn er forvarmet, skal du indstille en timer til 30 minutter.
f) Overfør pizzadejen til en rigeligt meldrysset overflade.
g) Stræk den ud til en pizzaform, eller du kan først dele den i to for at lave to separate pizzaer. Mindre pizzaer er nemmere at overføre fra skrællen til pizzastenen.
h) Sørg for at efterlade en kant eller "skorpe" kant.
i) Overfør dejen til den forberedte skræl.
j) Hæld og fordel chimichurrien på midten af pizzaen. Top med de fleste veganske oste. Top derefter med skåret cremini-svampe og broccolinibuketter.
k) Bages i 6 til 9 minutter. Eller indtil skorpen er gylden, osten er smeltet og broccolini og svampe er møre. Jeg roterer pizzaen halvvejs gennem bagningen.
l) Fjern og skær. Top med rucola, mere ost, sort peber og mikrogrønt.

41. Kantarelpizza med vegansk ost

INGREDIENSER:
- 2 pizzadej
- ½ kop tomatpuré
- ¼ tsk salt
- 1 knivspids hvidløgspulver
- 1 portion vegansk ostesauce
- 3 kopper kantareller
- 1 spsk hakket frisk basilikum
- 1 spsk frisk oregano

INSTRUKTIONER:
a) Forvarm ovnen til 480°F/250°C.
b) Del pizzadejen i to lige store stykker, og rul hver af dem ud på et meldrysset bagepapir, til det er en flot pizzabund.
c) Bland tomatpuréen med salt og hvidløgspulver.
d) Tilsæt det til dejen og fordel det med en stor ske.
e) Forbered den veganske ostesauce og tilsæt den til pizzaen.
f) Vask og rens kantarellerne. Skær store i halve og kom dem i pizzaen.
g) Sæt pizzaen i ovnen og bag den i cirka 10-15 minutter.
h) Efter bagning toppes pizzaen med frisk basilikum og oregano. God fornøjelse!

42. Vegansk svampe- og skalotteløgspizza

INGREDIENSER:
- 16-ounce pakke med færdiglavet pizzadej
- mel til udrulning af dejen
- 3 spsk soltørret tomatolie fra krukken, adskilt
- 4 shiitakesvampestængler fjernet og skåret i tynde skiver
- 1 skalotteløg skåret i tynde skiver
- salt og peber efter smag
- 1 tsk frisk hakket timian
- 1 tsk hakket frisk basilikum
- 1 fed hvidløg hakket
- 4 spsk vegansk flødeost
- 3 spsk vegansk flødekande
- ¼ kop soltørrede tomater groft hakkede, olie drænet
- rucola, olivenolie, basilikum og rød peberflager til servering

INSTRUKTIONER:
a) Læg dejen på en let meldrysset overflade og forvarm ovnen til 500 grader. Lad dejen få stuetemperatur og ovnen forvarmes i 30 minutter.
b) Mens dejen hviler tilsættes 1 spsk af den soltørrede tomatolie på en pande ved middel varme. Tilsæt svampe, skalotteløg og en knivspids peber og rør for at kombinere. Kog i 5 minutter, omrør kun et par gange. Tilsæt en knivspids salt og kog i et par minutter mere.
c) Tag fra varmen og stil til side.
d) Tilsæt de resterende 2 spsk olie i en skål med timian, basilikum og hvidløg. Rør for at kombinere og sæt til side.
e) Kombiner flødeost og flødekande i en skål og pisk, til det er glat. Sæt til side.
f) For at samle fordeles dejen ud på en let olieret bageplade. Spred ud til din ønskede form. Fordel olie/urteblandingen ud på dejen. Top med soltørrede tomater. Dryp flødeostblandingen over tomaterne. Fordel til sidst svampene/skalotteløgene ud over toppen. Sæt i ovnen og bag i 10 minutter. Vend pizzaen og kog i yderligere 3 minutter.
g) Tag den ud af ovnen og top med rucola, basilikum, rød peberflager, en knivspids salt og et skvæt olivenolie.
h) Skær og server!

43. Gule tomater Hvid pizza

INGREDIENSER:
- 2 pizzadej
- 1 Yukon Gold kartoffel, skrællet og skåret i ¼-tommer skiver
- Salt og friskkværnet sort peber
- 2 spsk olivenolie
- 1 Vidalia eller andet sødt løg, skåret i ¼-tommers skiver
- 6 til 8 friske basilikumblade
- 2 modne gule tomater, skåret i ¼-tommer skiver

INSTRUKTIONER:

a) Placer ovnristen på det laveste niveau af ovnen. Forvarm ovnen til 450°F. Læg kartoffelskiverne på en let olieret bageplade og smag til med salt og peber. Bages indtil de er bløde og gyldenbrune, cirka 10 minutter. Sæt til side. Smør en pizzapande eller bageplade let.

b) Når pizzadejen er hævet, flad dejen lidt ud, dæk den med plastfolie eller et rent håndklæde og stil den til side for at slappe af i 10 minutter.

c) Vend den afslappede dej ud på en let meldrysset overflade og flad den med hænderne, vend og mel ofte, og arbejd den til en 12-tommer runde. Pas på ikke at overanstrenge midten, ellers bliver midten af skorpen for tynd. Overfør dejen til den forberedte pizzapande eller bageplade.

d) I en stegepande opvarmes 1 spsk af olien over moderat varme. Tilsæt løget og kog indtil det er blødt og karamelliseret, under jævnlig omrøring i cirka 30 minutter. Fjern fra varmen, smag til med oregano og salt og peber efter smag og stil til side.

e) Fordel den resterende 1 spsk olivenolie på den forberedte pizzadej, brug fingerspidserne til at fordele den jævnt. Top med det karamelliserede løg, fordel jævnt til omkring ½ tomme

f) fra dejens kant. Top med basilikumbladene, og arranger derefter kartoffel- og tomatskiverne ovenpå løg og basilikum.

g) Bages indtil skorpen er gyldenbrun, cirka 12 minutter. Skær pizzaen i 8 tern og server den varm.

44. Broccoli Pizza

INGREDIENSER:

- All-purpose mel til afstøvning af en pizzaskal eller nonstick-spray til smøring af en pizzabakke
- 1 hjemmelavet dej
- 2 spsk usaltet smør
- 2 spsk universalmel
- 1¼ kopper almindelig kokosmælk
- 6 ounce vegansk ost, revet
- 1 tsk dijonsennep
- 1 tsk stammede timianblade eller ½ tsk tørret timian
- ½ tsk salt
- Flere skvæt varm rød pebersauce
- 3 kopper friske broccolibuketter, dampede eller frosne broccolibuketter, optøet
- 2 ounce vegansk ost, fint revet

INSTRUKTIONER:

a) Drys en pizzaskal med mel. Placer dejen i skrællens centrum og form dejen til en cirkel ved at fordybe den med fingerspidserne.

b) Tag dejen op og drej den ved at holde dens kant, træk let i den, mens du gør det, indtil skorpen er en cirkel omkring 14 tommer i diameter. Stil den meldrysset nedad på skrællen.

c) Smør den ene eller den anden med nonstick-spray. Læg dejen på pladen eller bagepladen og fordyb dejen med fingerspidserne, indtil den er en flad cirkel. Smelt smørret i en gryde sat over moderat varme. Pisk melet i, indtil det er glat, og den resulterende blanding bliver meget lys blond, cirka 1 minut.

d) Reducer varmen til middel-lav og pisk kokosmælken i, og hæld den i en langsom, jævn strøm i smør- og melblandingen. Fortsæt med at piske over varmen, indtil det er tyknet.

e) Tag gryden af varmen og pisk revet vegansk ost, sennep, timian, salt og varm rød pebersauce i. Afkøl i 10 til 15 minutter, pisk af og til.

f) Hvis du bruger frisk dej, skal du skubbe den formede, men endnu ikke toppede skorpe fra skrællen til den varme sten eller placere skorpen på dens plade eller bageplade enten i ovnen eller over den uopvarmede del af grillristen.

g) Bag eller grill med låget lukket, indtil skorpen er lysebrun, og pas på at sprænge eventuelle luftbobler, der opstår hen over overfladen eller i kanten, i cirka 12 minutter.

h) Skub skrællen tilbage under skorpen for at fjerne den fra stenen - eller overfør pizzabakken med skorpen til en rist.

i) Fordel den tykke ostesauce over skorpen, efterlad en ½ tomme kant i kanten. Top med broccolibuketter.

45.Chard Pizza

INGREDIENSER:
- 1 hjemmelavet dej,
- 2 spsk usaltet smør
- 3 fed hvidløg, hakket
- 4 kopper tæt pakkede, strimlede, stilkede mangoldblade
- 6 ounce vegansk ost, revet
- ½ tsk revet muskatnød
- ½ tsk rød peberflager, valgfri

INSTRUKTIONER:
a) Drys en pizzaskal med mel og sæt dejen i midten. Form dejen til en cirkel ved at fordybe den med fingerspidserne.
b) Frisk pizzadej på en pizzasten. Drys en pizzaskal med majsmel, og sæt derefter dejen i midten. Form den til en cirkel ved at fordybe den med fingerspidserne. Tag den op og form den med dine hænder, hold dens kant og drej langsomt dejen, indtil den er omkring 14 tommer i diameter. Stil den meldrysset nedad på skrællen.
c) Smør begge med non-stick spray. Læg dejen på pladen eller bagepladen og fordyb dejen med fingerspidserne - træk og tryk den derefter, indtil den danner en 14-tommer cirkel på pladen eller et 12 × 7-tommer uregelmæssigt rektangel på bagepladen.
d) Læg den på en pizzaskræl, hvis du bruger en pizzasten - eller læg den bagte skorpe lige på en pizzabakke.
e) Varm smørret op i en gryde ved moderat varme. Tilsæt hvidløg og steg i 1 minut.
f) Tilsæt greens og kog, vend ofte med en tang eller to gafler, indtil de er bløde og visne, cirka 4 minutter. Sæt til side.
g) Drys den revne veganske ost over dejen, efterlad en ½ tomme kant rundt om kanten.
h) Top med grøntblandingen fra stegepanden og drys derefter osten over pizzaen. Riv muskatnød over toppen og drys de røde peberflager på, hvis det ønskes.
i) Skub pizzaen fra skrællen over på den varme sten eller læg tærten på dens bakke eller melplade enten i ovnen eller på den uopvarmede del af grillen. Bag eller grill med låget lukket, indtil osten er smeltet og bobler, og skorpen er fast at røre ved, 16 til 18 minutter.
j) Skub skrællen tilbage under tærten for at tage den af den varme sten, og sæt den derefter til side - eller overfør tærten på dens plade eller bageplade til en rist.
k) Afkøl i 5 minutter før udskæring.

46.Ærter Og Gulerødder Pizza

INGREDIENSER:
- 1 hjemmelavet dej
- 2 spsk usaltet smør
- 1½ spsk universalmel
- ½ kop kokosmælk
- ½ kop tung, pisket eller let fløde 3 ounce
- 2 tsk stilkede timianblade
- ½ tsk revet muskatnød
- 1 kop friske afskallede ærter eller frosne ærter, optøet
- 1 kop gulerødder i tern
- 3 fed hvidløg, hakket
- 1-ounce vegansk ost, fint revet

INSTRUKTIONER:
a) Drys en pizzaskal med mel, sæt dejen i midten, og fordyb dejen til en fladtrykt cirkel med fingerspidserne. Tag den op og form den ved at holde dens kant, roter den langsomt og strække forsigtigt dejen, indtil cirklen er omkring 14 tommer i diameter.
b) Sæt dejen med meldrysset nedad på skrællen.
c) Smør enten med nonstick-spray og sæt dejen i midten af begge. Fordyb dejen med fingerspidserne, indtil det er en fladtrykt, klemt cirkel - træk og tryk den derefter, indtil den danner en 14-tommer cirkel på bakken eller et 12 × 7-tommer uregelmæssigt rektangel på bagepladen.
d) Læg den på en meldrysset pizzaskræl, hvis du bruger en pizzasten - eller læg den bagte skorpe lige på en pizzabakke.
e) Smelt smørret i en stegepande ved moderat varme. Pisk melet i og fortsæt med at piske til det er glat og meget lys beige.
f) Pisk kokosmælken i en langsom, jævn strøm og pisk derefter fløden i.
g) Rør revet ost, timian og muskatnød i, indtil det er glat. Afkøl ved stuetemperatur i 10 minutter.
h) I mellemtiden, skub den udopede skorpe fra skrællen til den opvarmede sten eller læg skorpen på dens bakke enten i ovnen eller over den uopvarmede del af grillristen.

i) Bag eller grill med låget lukket, indtil skorpen lige begynder at føles fast i kanterne og lige begynder at brune i cirka 10 minutter.
j) Skub skrællen tilbage under den delvist bagte skorpe og fjern den fra ovnen eller grillen - ellers overfør skorpen på pladen eller bagepladen til en rist.
k) Fordel den fortykkede kokosmælk-baserede sauce over skorpen, efterlad en ½-tommers kant i kanten.
l) Top saucen med ærter og gulerødder, og drys derefter hvidløget jævnt over tærten. Til sidst drysses den revne veganske ost over toppingsene.

47.Kartoffel-, løg- og chutneypizza

INGREDIENSER:
- 1 hjemmelavet dej
- 12 ounce hvide kogende kartofler, skrællede
- 6 spsk mango chutney
- chutney
- 6 ounces vegansk ost, revet
- 3 spsk hakkede dildblade eller 1 spsk tørret dild
- 1 sødt løg

INSTRUKTIONER:
a) Drys en pizzaskal let med mel. Tilsæt dejen og form den til en cirkel ved at fordybe den med fingerspidserne. Tag den op, hold dens kant, og drej den langsomt, stræk den hele tiden, indtil den er omkring 14 tommer i diameter. Sæt dejen med meldrysset nedad på skrællen.

b) Smør pladen eller bagepladen med nonstick-spray. Læg dejen i midten af hver fordybning af dejen med fingerspidserne, indtil det er en tyk, fladtrykt cirkel – træk og tryk derefter i dejen, indtil den danner en 14-tommer cirkel på bakken eller et uregelmæssigt 12 × 7-tommers rektangel på bagepapir.

c) Læg den på en pizzaskræl, hvis du bruger en pizzasten - eller læg den bagte skorpe på en pizzabakke. Mens ovnen eller grillen varmer, bring ca. 1-tommers vand i kog i en gryde udstyret med en grøntsagsdamper. Tilsæt kartoflerne, læg låg på, reducer varmen til medium, og damp til de er møre, når de er gennemboret med en gaffel, cirka 10 minutter. Overfør til et dørslag sat i vasken og afkøl i 5 minutter, og skær derefter i meget tynde skiver.

d) Fordel chutneyen jævnt over den forberedte skorpe, og efterlad omkring en ½ tomme kant ved kanten. Top jævnt med revet vegansk ost. Arranger kartoffelskiverne jævnt og dekorativt over tærten, og drys dem derefter med dild. Skær løget i halve gennem stilken. Sæt den med skæresiden nedad på dit skærebræt og brug en meget skarp kniv til at lave papirtynde skiver. Skil disse skiver i deres strimler og læg dem over tærten.

e) Skub tærten fra skrællen til den meget varme sten, og sørg for at holde toppingerne på plads, eller læg tærten på dens bakke eller bageplade enten i ovnen eller på den del af grillens rist, der ikke er direkte over varmekilden . Bag eller grill med låget lukket, indtil skorpen er let brunet i kanten, endnu mere mørkebrun på undersiden, 16 til 18 minutter. Hvis der opstår luftbobler i kanten eller i midten af den friske dej, pop dem med en gaffel for at få en jævn skorpe.

f) Skub skrællen tilbage under den varme tærte på stenen eller overfør tærten på dens plade eller bageplade til en rist. Stil til side til afkøling i 5 minutter før udskæring og servering.

48. Brændt Roots Pizza

INGREDIENSER:
- Alsidigt mel til afstøvning af pizzaskallen eller olivenolie til smøring af pizzabakken
- 1 hjemmelavet dej
- ½ hvidløgshoved
- ½ søde kartofler, skrællet, halveret på langs og skåret i tynde skiver
- ½ fennikelløg, halveret, trimmet og skåret i tynde skiver
- ½ pastinak, skrællet, halveret på langs og skåret i tynde skiver
- 1 spsk olivenolie
- ½ tsk salt
- 4 ounce vegansk ost, revet
- 1-ounce vegansk ost, fint revet
- 1 spsk sirupsagtig balsamicoeddike

INSTRUKTIONER:
a) Drys en pizzaskal let med mel. Tilsæt dejen og form den til en cirkel ved at fordybe den med fingerspidserne. Tag den op, hold den i kanten med begge hænder, og drej den langsomt, stræk kanten lidt hver gang, indtil cirklen er omkring 14 tommer i diameter. Sæt den meldrysede side nedad på skrællen.

b) Smør pladen eller bagepladen med lidt olivenolie duppet på et køkkenrulle. Læg dejen i midten af hver fordybning af dejen med fingerspidserne - træk og tryk den derefter, indtil den danner en 14-tommer cirkel på pladen eller et uregelmæssigt rektangel, omkring 12 × 7 tommer, på bagepladen.

c) Læg den på en meldrysset pizzaskræl, hvis du bruger en pizzasten - eller læg den bagte skorpe lige på en pizzabakke.

d) Pak de uskrællede hvidløgsfed ind i en aluminiumsfoliepakke og bag eller grill direkte over varmen i 40 minutter.

e) Imens smider du sød kartoffel, fennikel og pastinak i en skål med olivenolie og salt. Hæld skålens indhold ud på en bageplade. Placer i ovnen eller over den uopvarmede del af grillen og steg, vend lejlighedsvis, indtil den er blød og sød, 15 til 20 minutter.

f) Overfør hvidløget til et skærebræt og åbn pakken, pas på dampen. Stil også bagepladen med grøntsagerne til side på en rist.

g) Øg ovnens eller gasgrillens temperatur til 450°F, eller tilsæt et par flere kul til kulgrillen for at hæve varmen lidt.

h) Fordel den revne veganske ost over den tilberedte skorpe, og efterlad en ½-tommers kant i kanten. Top osten med alle grøntsagerne, der presser det tykkede, bløde hvidløg ud af dets papiragtige skal og på tærten. Top med revet vegansk ost.

i) Skub pizzaen fra skrællen til den varme sten, eller læg pizzaen på dens plade eller bageplade enten i ovnen eller over den uopvarmede del af grillen.

j) Bag eller grill med låget lukket, indtil skorpen er blevet gyldenbrun og endda mørknet en smule i bunden, indtil osten er smeltet og begyndt at brune, 16 til minutter.

k) Skub skrællen tilbage under skorpen for at tage den af den varme sten, eller overfør pizzaen på dens bakke eller bageplade til en rist. Stil til side i 5 minutter.

l) Når den er afkølet lidt, dryp tærten med balsamicoeddike, og skær den derefter i skiver til servering.

49.Rucola salat pizza

INGREDIENSER:
- En fuldkorns pizzadej
- Majsmel
- ⅓ kop marinara sauce
- 1½ tsk tørret oregano
- 1 kop revet vegansk ost
- 2 kopper blandet frisk rucola og babyspinat
- 1½ kopper friske gule cherrytomater halveret
- ½ rød peberfrugt i tern
- 1 moden avocado, skåret i skiver ¼ kop ristede pistacienødder
- 1 spsk balsamicoeddike

INSTRUKTIONER:
a) Forvarm ovnen til 350°F.
b) Rul pizzadejen ud, så den passer til en 14-tommer pizzapande eller pizzasten.
c) Drys gryden eller stenen med majsmel og anbring dejen ovenpå.
d) Fordel marinarasaucen på dejen og drys oregano og vegansk ost over.
e) Sæt gryden eller stenen i ovnen og bag i 30 til 35 minutter, indtil skorpen er gylden og fast at røre ved.
f) I sidste øjeblik før servering, fjern skorpen fra ovnen og top med rucola og babyspinat, tomater, peberfrugt, avocado og pistacienødder.
g) De grønne vil hurtigt visne. Dryp med eddike og olivenolie. Server straks.

50.Karameliseret løgpizza

INGREDIENSER:

- ¼ kop olivenolie til stegning af løg
- 6 kopper løg i tynde skiver
- 6 fed hvidløg
- 3 spsk frisk timian
- 1 laurbærblad
- salt og peber
- 2 spsk olie til at dryppe oven på pizza
- 1 spsk drænet kapers
- 1½ spsk pinjekerner

INSTRUKTIONER:

a) Varm ¼ kop olivenolie op og tilsæt løg, hvidløg, timian og laurbærblad.
b) Kog, under omrøring af og til, indtil det meste af fugten er fordampet, og løgblandingen er meget blød, næsten glat og karamelliseret i cirka 45 minutter.
c) Kassér laurbærbladet og krydr med salt og peber.
d) Dæk dejen med løgblandingen, drys med kapers og pinjekerner, og dryp med den resterende olivenolie, hvis du bruger den.
e) Bages i en forvarmet 500 graders ovn i 10 minutter eller indtil de er gyldenbrune. Bagetiden vil variere alt efter om du bager på en sten, en skærm eller i en pande.

51.Griddle S pinach Pizza

INGREDIENSER:
- ¼ kop marinara sauce
- ¼ kop hakket frisk spinat
- ¼ kop revet vegansk ost
- ¼ kop kvarte cherrytomater
- ⅛ teskefuld oregano

INSTRUKTIONER:
a) Pisk mel, vand, olie og salt sammen til det er glat.
b) Hæld dejen på en varm bageplade dugget med madlavningsspray.
c) Varm hver side i 4-5 minutter, indtil skorpen begynder at brune.
d) Vend skorpen igen og top med marinara sauce, spinat, ost, tomat og oregano.
e) Varm op i 3 minutter eller indtil osten smelter.

52. En rugula og citronpizza

INGREDIENSER:
- 1 pizzadej
- 2 kopper tomatpuré
- 1 fed hvidløg, knust
- 1 tsk tørret oregano
- 1 tsk tomatpure
- ½ tsk salt
- Kværnet sort peber
- ¼ tsk rød peberflager
- 2 kopper revet vegansk ost
- ½ kop revet vegansk ost
- Valgfrit men fint
- ½ bundt rucola, renset og tørret
- ½ citron
- Et skvæt olivenolie

INSTRUKTIONER:
a) Hæld tomatpuréen i en gryde og varm op ved moderat varme. Tilsæt hvidløg, oregano og tomatpure. Rør rundt for at sikre, at pastaen er blevet absorberet i puréen.
b) Bring op til kog, og sænk derefter varmen og rør rundt for at sikre, at saucen ikke klistrer. Saucen kan være klar på 15 minutter eller kan simre i længere tid, op til ½ time. Det vil reducere med omkring en fjerdedel, hvilket giver dig mindst ¾ kop puré pr. pizza.
c) Smag til efter salt og krydr derefter, og tilsæt sort peber og/eller rød peberflager. Fjern hvidløgsfeddet.
d) Hæld saucen ind i midten af dejcirklen, og fordel med en gummispatel til overfladen er helt dækket.
e) Læg den veganske ost ovenpå saucen. Husk, at osten spreder sig, når den smelter i ovnen, så bare rolig, hvis det ser ud som om, din pizza ikke er rigeligt dækket af ost.
f) Placer i en forvarmet 500°F ovn og bag som anvist til pizzadejen.
g) Når pizzaen er færdig pyntes den med vegansk ost og rucola.
h) Pres citronen ud over det grønne og/eller dryp med olivenolie, hvis du ønsker det.

53. Have Frisk Pizza

INGREDIENSER:
- To nedkølede halvmåneruller
- To pakker cashewflødeost, blødgjort
- ⅓ kop mayonnaise
- 1,4-ounce pakke med tør grøntsagssuppeblanding
- 1 kop radiser, skåret i skiver
- ⅓ kop hakket grøn peberfrugt
- ⅓ kop hakket rød peberfrugt
- ⅓ kop hakket gul peberfrugt
- 1 kop broccolibuketter
- 1 kop blomkålsbuketter
- ½ kop hakket gulerod
- ½ kop hakket selleri

INSTRUKTIONER:
a) Indstil din ovn til 400 grader F, før du gør noget andet.
b) I bunden af en 11x14-tommer jellyroll-pande fordeles halvmånerulledejen.
c) Klem eventuelle sømme sammen med fingrene for at lave en skorpe.
d) Bag alt i ovnen i cirka 10 minutter.
e) Tag det hele ud af ovnen og stil det til side for at køle helt af.
f) Bland mayonnaise, cashewflødeost og grøntsagssuppe i en skål.
g) Læg mayonnaiseblandingen jævnt over skorpen og top det hele med grøntsagerne jævnt og tryk dem forsigtigt ned i mayonnaiseblandingen.
h) Dæk pizzaen med plastfolie og stil den på køl natten over.

54. Roma Fontina Pizza

INGREDIENSER:
- ¼ kop olivenolie
- 1 spsk hakket hvidløg
- ½ tsk havsalt
- 8 romatomater i skiver
- To 12-tommer forbagte pizzaskorper
- 12 ounces revet vegansk ost
- 10 friske basilikumblade, strimlet

INSTRUKTIONER:
a) Indstil din ovn til 400 grader F, før du gør noget andet.
b) Bland tomater, hvidløg, olie og salt i en skål og hold det til side i cirka 15 minutter.
c) Beklæd hver pizzabund med nogle tomatmarinade.
d) Top det hele med den veganske ost, efterfulgt af tomater og basilikum.

55. Spinat Artiskok Pizza

INGREDIENSER:
- 1 dåse hvide bønner
- ¼ kop vand
- 2 spsk ernæringsgær
- ½ kop cashewnødder
- 1 spsk frisk citronsaft
- 1 løg, hakket
- 5 kopper frisk spinat
- 2 fed hvidløg, hakket
- 1 dåse artiskokhjerter, afdryppet
- salt
- sort peber
- røde peberflager
- 2 færdiglavede pizzadej
- ½ kop vegansk mozzarellaost

INSTRUKTIONER:
a) Forvarm ovnen til 350 °F.
b) Skyl og afdryp de hvide bønner på dåse og kom dem i en blender sammen med cashewnødder, citronsaft, vand og næringsgær. Hvis du vil gøre det lidt nemmere for din blender, kan du lægge dem i blød i vand i 4-6 timer, inden du bruger dem. Læg til side.
c) Varm lidt olie i en stor pande og svits løget i cirka 3 minutter, indtil de bliver gennemsigtige. Efter 2 minutter tilsættes hvidløget. Tilsæt derefter 2 kopper af spinaten og kog i 3 minutter mere. Rør den blandede hvide bønner og cashewblanding i. Smag til med salt, peber og røde peberflager.
d) Fordel jævnt på pizzadejen. Skær artiskokhjerterne i kvarte og kom dem på pizzaen sammen med den resterende spinat. Drys med vegansk ost.
e) Bag pizzaen i 8 minutter eller tjek vejledningen på pakken.

56. Vegansk Caprese Pizza

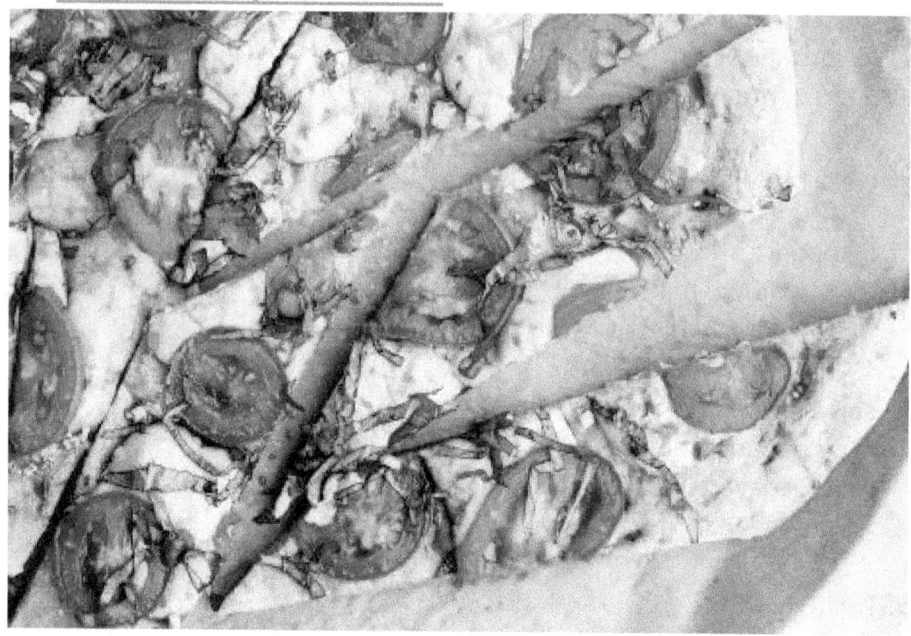

INGREDIENSER:
- 1 pund multikorn pizzadej
- ⅔ kop filtreret vand
- ½ kop rå cashewnødder
- 1 spsk næringsgær
- 1 spsk arrowroot pulver
- 1 spsk æblecidereddike
- ½ tsk havsalt plus mere til krydderier
- 2 spsk olivenolie
- 2 til 3 fed hvidløg, hakket
- 2 til 3 modne roma-tomater, skåret i tynde skiver
- Balsamico reduktion
- En håndfuld friske basilikumblade i meget tynde skiver
- Knust rød peberflager

INSTRUKTIONER:
a) Forvarm ovnen til 400F. Beklæd en rund, udluftet pizzapande med bagepapir.
b) Støv let en ren arbejdsflade med mel, og rul pizzadejen ud til en 15-tommer cirkel. Overfør til den forede pizzapande og bag i 7 minutter, eller indtil bunden lige er begyndt at sætte sig.
c) Mens pizzaen bager, forbereder du cashew-mozzarellaen ved at tilsætte det filtrerede vand, cashewnødder, næringsgær, arrowroot-pulver, æblecidereddike og havsalt til en højhastighedsblender. Blend på høj i 2 minutter, eller indtil den er helt glat. Hæld blandingen i en gryde. Tænd for varmen på medium og pisk konstant i 3 til 5 minutter, eller indtil det lige begynder at tykne. Må ikke overophedes. Stil til side for at køle lidt af.
d) Pensl toppen af den parbagte pizzadej med olivenolie og drys med hvidløg. Brug en spiseske til at dryppe en skefuld cashew-mozzarella hen over pizzaens overflade. Top med snittede tomater.
e) Sæt pizzaen tilbage i ovnen og bag i yderligere 8 til 14 minutter, eller indtil den ønskede færdighed er nået.
f) Tag ud af ovnen og lad køle lidt af.
g) Dryp generøst med Balsamico Reduction og drys med frisk basilikum. Krydr eventuelt med havsalt og knuste røde peberflager.
h) Server straks.

57. Bbq pizza med sprød blomkål

INGREDIENSER:
- 1 hjemmelavet dej

TIL BBQ-BLOMKÅLEN:
- ½ hoved blomkål
- 1 kop BBQ-sauce
- 1 tsk røget paprikapulver
- 1 tsk hvidløgspulver
- ½ tsk flydende røg

TIL DEN VEGANISKE HVIDLØGSSAUS:
- 1 kop usødet kokosyoghurt
- 2 fed hvidløg, hakket
- salt, efter smag
- sort peber efter smag

INSTRUKTIONER:

a) Først laver du dejen. Kom de tørre ingredienser i en skål og rør godt. Tilsæt langsomt olivenolien og det varme vand. Ælt dejen med hænderne. Tilføj mere vand, hvis det er nødvendigt. Form en kugle og kom den i en skål, som du dækker med et klæde eller køkkenrulle. Det bedste ved denne dej er, at den ikke skal hæve for længe. 45 minutter er nok. Måske kunne du endda slippe afsted med 30 minutter, hvis du lader dejen hæve et lunt sted.

b) I mellemtiden laver du BBQ blomkål. Skær blomkålen i mundrette buketter. Kombiner BBQ saucen med krydderierne. Brug halvdelen af saucen til at dyppe buketter i, så de er helt belagte. Læg dem på en bageplade beklædt med bagepapir og bag dem i 10 minutter ved 350 °F.

c) Gør din dej klar. Vend dejen ud på en let meldrysset arbejdsflade og ælt forsigtigt til to pizzaer.

d) Overtræk det bagte BBQ blomkål med den resterende sauce og læg dem på pizzaen. Bages i 12-15 minutter eller indtil de er let brune og sprøde. Drys med hakket persille og grønne løg.

e) Og glem ikke den veganske hvidløgssauce! Bare kom ingredienserne i en lille skål og hæld over pizzaen.

58. Grillet Veggie Pizza

INGREDIENSER:
- 2 Gærfri pizzaskorpe
- 2 ½ kopper universalmel
- 1 spsk bagepulver
- ½ tsk salt
- 1 tsk olivenolie
- ⅔ kop lunkent vand
- ½ kop pizzasauce

TOPPINGS
- 1 tsk olivenolie + mere til børstning af skorpen
- ½ zucchini, skåret i skiver
- 1 rød peberfrugt, skåret i stykker
- 5 kopper svampe, skåret i skiver
- 1 rødløg, skåret i skiver
- ¾ kop veganske ostestrimler alternativt kan du også bruge en hjemmelavet ostesauce
- 1 knivspids salt

INSTRUKTIONER:
a) Til pizzadejen: Bland universalmel, bagepulver og salt i en stor skål.
b) Tilsæt olivenolie og vand og ælt til en jævn dej.
c) Til pizzasaucen: Kombiner tomatpuré, salt, tørret oregano og tørret basilikum.
d) Varm olivenolien op i en stor gryde og tilsæt zucchini, rød peberfrugt, svampe og rødløg.
e) Smag til med et nip salt og lad det stege ved medium til høj varme, indtil grøntsagerne er bløde.
f) Forvarm ovnen til 480°F/250°C.
g) Del pizzadejen i to lige store dele og rul dem hver ud på let meldrysset bagepapir.
h) Fordel tomatsaucen ovenpå. Dæk med veganske ostestrimler og grøntsager.
i) Pensl skorpen med olivenolie.
j) Bag pizzaerne i ovnen i cirka 15 minutter, indtil de er sprøde. God fornøjelse!

59. Artichoke & Olive Pizza

INGREDIENSER:
- 12-tommer forbagt pizzaskorpe
- ½ kop pesto
- 1 moden tomat, hakket
- ½ kop grøn peberfrugt, hakket
- 2-ounce dåse hakkede sorte oliven, drænet
- ½ rødløg, hakket
- 4-ounce dåse artiskokhjerter, drænet og skåret i skiver
- 1 kop smuldret vegansk ost

INSTRUKTIONER:
a) Indstil din ovn til 450 grader F, før du gør noget andet.
b) Læg dejen på en pizzapande.
c) Læg et tyndt lag af pestoen jævnt over skorpen og top med grøntsagerne og vegansk ost.
d) Drys pizzaen med osten og steg det hele i ovnen i cirka 8-10 minutter.

60.Vegansk Zucchini Pepperoni Pizza

INGREDIENSER:
- 1 grunddej
- 2 spsk tomatpure
- 2 zucchini
- stærk sovs
- 2 spsk tamari
- 2 spsk balsamicoeddike
- vegansk ost

INSTRUKTIONER:
ZUCCHINI "PEPPERONI":
a) Vask og skær zucchinien i tynde skiver.
b) Bland varm sauce med tamari og balsamicoeddike i en ovnfast fad.
c) Tilsæt zucchini og bland, så de er dækket godt.
d) Dæk til og mariner natten over i køleskabet.

PIZZA:
e) Forvarm ovnen til 390°F.
f) Fordel tomatpuréen oven på skorpen. Tilsæt de marinerede krydrede zucchini-skiver.
g) Top af med vegansk ost.
h) Bages i ovnen i 12-15 minutter.

61.Rød linse pizzaskorpe

INGREDIENSER:
- ¾ kop tørre SPLIT røde linser ubehandlede
- ¾ kop vand
- 1,5 tsk hvidløgspulver
- ½ tsk tørret basilikum
- ½ tsk tørret oregano
- ¾ tsk havsalt
- Vegansk toppings

INSTRUKTIONER:
a) Beklæd en 12" rund pizzabakke med bagepapir og forvarm din ovn til 450 grader F varmluftsbage.
b) Tilsæt alle ingredienserne til en højhastighedsblender og kør på høj i cirka 30-60 sekunder, eller indtil den er fuldstændig pureret.
c) Hæld blandingen på din tilberedte pizzabakke og fordel den så tyndt og jævnt ud som muligt ved hjælp af en silikonespatel.
d) Bages i 12 minutter. Vend derefter forsigtigt dejen, og brug pergamentet til at vende den om. Pil derefter bagepapiret af, og sæt skorpen tilbage i ovnen i 5 minutter mere, indtil den er gylden.
e) Top din pizza som ønsket og bag i 3-5 minutter for at varme dine toppings. Tag derefter ud af ovnen og lad hvile i 1-2 minutter, inden du skærer i skiver.

62. Krydret Pinto Bean Pizza

INGREDIENSER:
- 1 pizzadej
- 1 spsk olivenolie
- 1 tsk chilipulver
- 1½ kopper kogte pinto bønner, drænet
- 1 kop tomatsalsa
- 2 spsk varm eller mild hakket grøn chili på dåse
- 2 spiseskefulde udstenede Kalamata-oliven i skiver
- 2 spsk hakket frisk koriander

INSTRUKTIONER:
a) Flad den hævede dej lidt ud, dæk den til med plastfolie eller et rent viskestykke, og stil den til side i 10 minutter.
b) Placer ovnristen på det laveste niveau af ovnen. Forvarm ovnen til 450°F. Smør en pizzapande eller bageplade let. Vend den afslappede dej ud på en let meldrysset overflade og flad den med hænderne, vend og mel ofte, og arbejd den til en 12-tommer runde. Pas på ikke at overanstrenge midten, ellers bliver midten af skorpen for tynd. Overfør dejen til den forberedte pizzapande eller bageplade.
c) I en gryde varmes olien op ved moderat varme. Rør chilipulveret i, tilsæt derefter bønnerne under omrøring for at kombinere og varme bønnerne i cirka 5 minutter.
d) Fjern fra varmen og mos bønnerne godt, tilsæt en mængde af salsaen, hvis det er nødvendigt, for at fugte bønnerne.
e) Fordel bønneblandingen jævnt på den forberedte pizzadej til cirka ½ tomme fra dejens kant. Fordel salsaen jævnt over bønneblandingen og drys med chili og oliven.
f) Bages indtil skorpen er gyldenbrun, cirka 12 minutter. Efter at have taget pizzaen ud af ovnen, drys med koriander, skær i 8 terninger og server varm.

63. Bean Nacho Pizza

INGREDIENSER:

- 1 hjemmelavet dej
- 1¼ kopper refried bønner på dåse
- 6 ounce vegansk ost, revet
- 3 blommetomater, hakkede
- ½ tsk stødt spidskommen
- 1 tsk hakkede oreganoblade
- ½ tsk salt
- ½ tsk friskkværnet sort peber
- 1/3 kop salsa
- Syltede jalapeño-skiver i glas efter smag

INSTRUKTIONER:

a) Drys en pizzaskal med majsmel, placer dejen i midten og form dejen til en cirkel ved at fordybe den med fingerspidserne.
b) Tag den op og form den med hænderne i kanten, drej langsomt dejen, indtil den er omkring 14 tommer i diameter. Læg den med majsmelsiden nedad på skrællen.
c) Smør pladen eller bagepladen med nonstick-spray. Læg dejen i midten og fordyb dejen med fingerspidserne, indtil den er en stor, fladtrykt cirkel – træk og tryk den derefter, indtil den danner en 14-tommer cirkel på bakken eller et uregelmæssigt rektangel, omkring 12 × 7 tommer, på bagepapir.
d) Læg den på en pizzaskræl, hvis du bruger en pizzasten - eller læg den bagte skorpe lige på en pizzabakke. Brug en gummispatel til at sprede de refried bønner over skorpen, jævnt dække den, men efterlad en ½-tommers kant i kanten. Top bønnerne med den revne veganske ost.
e) Rør de hakkede tomater, spidskommen, oregano, salt og peber i en skål, og fordel derefter jævnt over osten. Drys salsaen i en skefuld over skorpen. Skub pizzaen fra skrællen over på den opvarmede sten eller læg tærten på dens plade eller bageplade i ovnen eller på grillristen over indirekte varme. Bag eller grill med låget lukket, indtil osten bobler og bønnerne er varme,
f) Skub skrællen tilbage under skorpen og stil den til side eller overfør tærten på pladen eller bagepladen til en rist. Afkøl i 5 minutter.
g) Top tærte-jalapeño-skiverne før udskæring og servering.

64.Mango pizza med sorte bønner

INGREDIENSER:
- 1 tilberedt pizzabund
- ¾ kop medium eller varm salsa
- ¾ kop revet mexicansk vegansk ost
- ½ kop tyndt skåret zucchini
- ½ kop mango i skiver
- ¼ kop kogte eller dåse sorte bønner skyllet
- 1 grønt løg i skiver
- ¼ kop korianderblade

INSTRUKTIONER:
a) Forvarm ovnen til den temperatur, der er angivet på pizzaskorpen.
b) Læg skorpen på en bageplade og spred salsa på den, efterlad en 1-tommers kant på alle sider.
c) Top med ost, zucchini, mango og bønner.
d) Bages efter skorpe I nstruktionerne.
e) Top med grønne løg og koriander inden servering.

65. Bbq Majs Jalapeno Sweet Potato Pizza

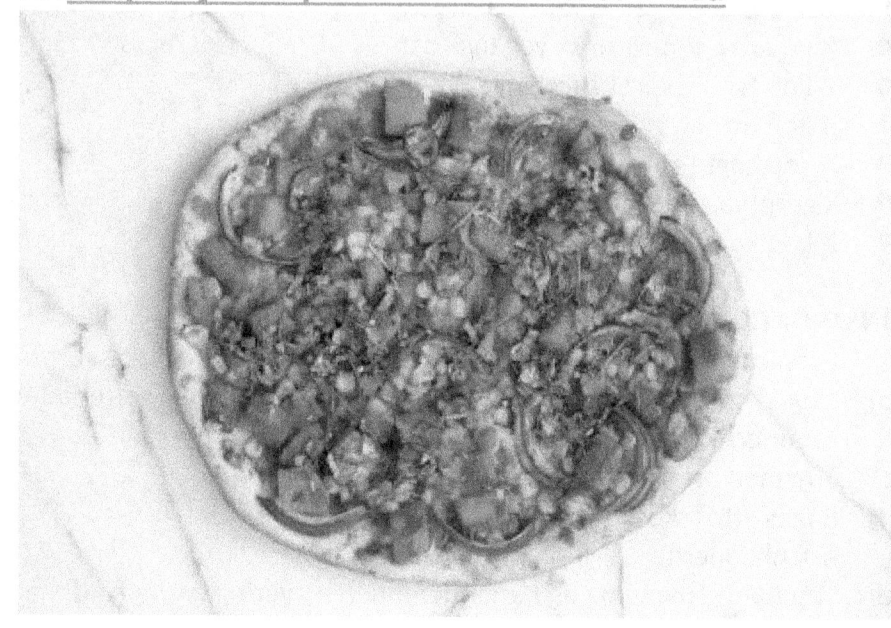

INGREDIENSER:
- 1 pizzaskorpe
- 1 lille sød kartoffel i tern
- ⅓ kop majskerner, optøet, hvis de er frosne
- ½ løg, skåret i tykke skiver
- peberfrugt eller andre grøntsager
- 1 skåret jalapeno
- ⅓ kop sojafri BBQ sauce
- 3 tsk BBQ Krydderi

INSTRUKTIONER:
a) Kog sød kartoffel og majs i en gryde ved middel varme. Tilsæt vand lige for at dække grøntsagerne. Kog i 5 minutter, når det koger. Dræn og afkøl i et minut og overfør derefter til en skål.
b) Vend med løg, peberfrugt/grøntsager, 2 spsk BBQ sauce og et godt skvæt sort peber.
c) Form pizzadejen til en stor pizza med tynd skorpe.
d) Pensl olivenolie på pizzadejen. Fordel sød kartoffelblanding på pizzaen. Tilsæt jalapeno. Drys BBQ-krydderi over hele grøntsagerne generøst. Dryp noget eller hele BBQ-saucen over.
e) Bages ved 425 grader i 16 til 18 minutter. Afkøl i et minut. Pynt med koriander, mere BBQ-krydderi og mere BBQ-sauce, hvis du ønsker det. Skær og server.

66.Flødemajspizza

INGREDIENSER:
- ½ omgang hjemmelavet pizzadej
- ½ lille løg, hakket
- 8 til 10 drue- eller cherrytomater, halveret
- ½ kop vegansk chorizo crumbles
- 6 eller 7 friske basilikumblade
- sort peber
- rød peberflager, valgfrit

TIL DEN FREMMEDE MAJSSAUCE
- 1 ¾ kopper majskerner, delt, optøet
- ½ kop fuldfedt kokosmælk på dåse
- 1 fed hvidløg
- 2 spsk vegansk smør, blødgjort, valgfrit
- 2 spsk tapiokastivelse
- 1 spiseskefuld næringsgær
- 1 tsk økologisk rørsukker
- ¾ tsk fint havsalt

INSTRUKTIONER:

a) For den bedste skorpe anbefaler jeg at bruge en pizzasten. Ellers er en almindelig pizzapande eller bageplade fint; bagetiden kan øges. Hvis du bruger en sten, skal du placere den i ovnen og forvarme til 500 grader F.

b) Før du tilbereder den cremede majssauce, skal du sørge for, at alle ingredienserne er ved stuetemperatur. I skålen med en foodprocessor kombineres 1 kop majs og de resterende ingredienser til saucen. Process indtil kombineret. Tilsæt ¼ kop majs, og pulsér flere gange, så der er noget tekstur tilbage. Smag til og tilsæt endnu et nip salt eller sukker, hvis det ønskes. Sæt til side.

c) På en let meldrysset overflade, stræk dejen til en 12-tommer diameter. Hvis du bruger en pizzaskræl, så tilbered som du plejer. Ellers skal du fjerne den varme sten fra ovnen. Overfør forsigtigt dejen til stenen.

d) Fordel cirka halvdelen af den cremede majssauce på dejen. Tilsæt løg, tomater, chorizo og den resterende ½ kop majs. Hvis du bruger en butikskøbt pizzaskorpe, skal du bage i henhold til pakkens anvisninger. Hvis du bruger hjemmelavet dej, bages i 15 til 17 minutter, eller indtil den er sprød og gylden.

e) Lad pizzaen køle af et par minutter. Tilsæt sort peber, knust rød peberflager, hvis du bruger, og frisk basilikum. Skær og server.

BURRITOS

67. Abrikos Burritos

INGREDIENSER:
- 8 oz tørrede abrikoser - skåret i: stykker
- 1 c vand
- ¼ c granuleret sukker
- ¼ c brun farin -- pakket
- ¼ tsk kanel
- ¼ tsk muskatnød
- 20 6 tommer tortillas

INSTRUKTIONER:
a) Bring de første 6 ingredienser i kog. Lad det simre uden låg i 10 minutter, eller indtil frugten er mør og blandingen tyknet.
b) Placer 1 spiseskefuld blanding på den ene kant af tortilla. Rul op.
c) Steg i varm olie, indtil de er gyldenbrune, vend én gang. Dræne.
d) Serveres varm eller kold.

68. Baby Bean Burritos

INGREDIENSER:
- 12 (6-tommer) mel tortillas
- 1 mellemstor løg; hakket
- 1 spsk vegetabilsk olie
- 2 fed hvidløg; hakket
- 1 frisk jalapenopeber
- 1 dåse mexicanske refried bønner
- 1 kop vegansk Monterey Jack ost
- ½ tsk Stødt spidskommen
- Creme fraiche og salsa

INSTRUKTIONER:

a) Forvarm ovnen til 325 grader. Stable tortillas og skær i halve. Pak tortillastak ind i folie og varm op, indtil den er gennemvarmet, 10 til 15 minutter.

b) I mellemtiden, i en stor stegepande, steg løg i olie over medium-høj varme, indtil det er blødt, men ikke brunet, 2 til 3 minutter. Tilsæt hvidløg og jalapenopeber og kog indtil hvidløg lige er duftende, cirka 30 sekunder. 3. Fordel ca. 1-½ spsk bønneblanding på hver tortilla-halvdel og rul gelé-rulle op.

c) Anret på en tallerken og drys med koriander. Serveres lun med creme fraiche og salsa.

69. Bønne- og risburritoer

INGREDIENSER:
- 1 dåse Pinto bønner, 16 oz vandland
- 1 kop brune ris; lavede mad
- ½ kop løg; frosset, hakket
- ½ kop Gr. peberfrugt; frosset, hakket
- ½ kop majs; Frosset
- Chili pulver; bindestreg
- Salat, hakket
- 1 bundt spidskål; hakket
- Spidskommen; bindestreg
- Hvidløgs pulver; bindestreg
- Salsa, oliefri, lavt natriumindhold
- 10 tortillas, fuld hvede
- 1 tomat; hakket

INSTRUKTIONER:

a) Svits de frosne løg og grønne peberfrugter i et par spiseskefulde vand i en stegepande. Dræn og skyl bønnerne og læg dem i en stegepande og mos dem med en kartoffelmoser. Tilsæt de kogte ris, majs, krydderier og vand.

b) Varm tortillaerne hurtigt op . Placer en linje af bønneblanding ned i midten af hver tortilla; tilsæt en teskefuld salsa og enhver af de andre toppings efter ønske. Fold ½ tomme op på hver side, stik den øverste kant ind og rul til en burrito.

c) Server med det samme, toppet med yderligere salsa, hvis det ønskes.

70. Bønner & Tvp Burritos

INGREDIENSER:
- 10 store (10") tortillas
- 1 kop tørrede pinto bønner, udblødte
- 1 laurbærblad
- 3 fed hvidløg, hakket
- ½ kop TVP granulat eller flager
- 2 tsk chilipulver
- 1 tsk Spidskommen
- 1 tsk salt
- ½ tsk oregano
- 1 spsk Olivenolie
- 1 kop løg, hakket

INSTRUKTIONER:
a) Kombiner TVP, varmt vand, varm bønnevæske, chilipulver, spidskommen, salt og oregano. Svits løget i olivenolien i en god størrelse pande, indtil det er blødt.
b) Tilsæt den krydrede TVP og kog et par minutter mere. Rør de kogte bønner i,
c) For at samle: opvarm en bageplade eller stegepande, indtil et par dråber vand danser på overfladen. Tørsteg hver tortilla på begge sider, indtil overfladen af tortillaen begynder at boble og brunes lidt. Hold dem varme i et tykt håndklæde. Når det hele er opvarmet, læg cirka ⅓ kop fyld ned ad den ene side af en tortilla og rul sammen.

71. Cherry Burritos

INGREDIENSER:
- 6 Mel (6-tommer) tortillas
- 1 pakke sukkerfri vaniljebuddingblanding
- ¾ kop vand
- 1½ kop Kirsebær; ikke tilsat sukker
- 2 dråber rød madfarve (op til 3)
- ½ tsk mandelekstrakt
- 1 tsk kanel
- 1 spsk pulveriseret sukker

INSTRUKTIONER:
a) Forvarm ovnen til 350 F. I en mellemstor gryde kombineres buddingblanding, vand og kirsebær,
b) Kog over medium varme, indtil den er tyk. Tilsæt rød madfarve og mandelekstrakt. Bland godt for at kombinere. Fjern fra varmen. Spray en stor bageplade eller gelérullepande med madlavningsspray med smørsmag.
c) Fordel kirsebærfyldet jævnt og læg i midten af hver tortilla. Fold den ene kant over fyldet; rul stramt til modsatte side. Læg sømsiden nedad på bagepapir. Spray toppen af hver med smørspray. Drys med kanel.
d) Bages 10-12 min.

72. Butternut Burrito

INGREDIENSER:
- 1 Butternut squash; kogt & moset
- 1 rødløg; hakket
- 4 fed hvidløg; hakket fint
- 1 spsk Chile pulver
- 1 spsk oregano
- 1 spsk Spidskommen
- 1 tsk Tamari sojasauce
- 6 tortillas
- 1 dåse Enchiladasauce; rød eller grøn

INSTRUKTIONER:
a) Forvarm ovnen til 350 F.
b) Svits løg og hvidløg i lidt olie til det er gennemsigtigt
c) Tilsæt moset squash og krydderurter. Bland og kog ved svag varme, indtil smagene blander sig. Tilføj flere krydderurter efter smag.
d) Fyld tortillas med blanding og rul.
e) Dæk Chilesauce og bag i 30 min.

73. Majs & Ris Burritos

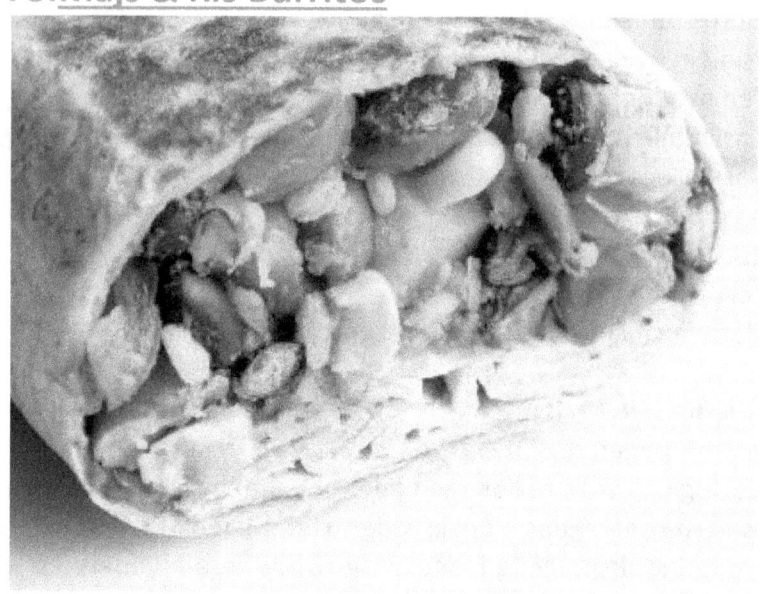

INGREDIENSER:
- 1 Butternut squash; kogt & moset
- 1 rødløg; hakket
- 4 fed hvidløg; hakket fint
- 1 spsk Chile pulver
- 1 spsk oregano
- 1 spsk Spidskommen
- 1 tsk Tamari sojasauce
- 6 tortillas
- 1 dåse Enchiladasauce; rød eller grøn

INSTRUKTIONER:
a) Forvarm ovnen til 350 F.
b) Svits løg og hvidløg i lidt olie til det er gennemsigtigt
c) Tilsæt moset squash og krydderurter. Bland og kog ved svag varme, indtil smagene blander sig. Tilføj flere krydderurter efter smag.
d) Fyld tortillas med blanding og rul.
e) Dæk Chilesauce og bag i 30 min.

73.Majs & Ris Burritos

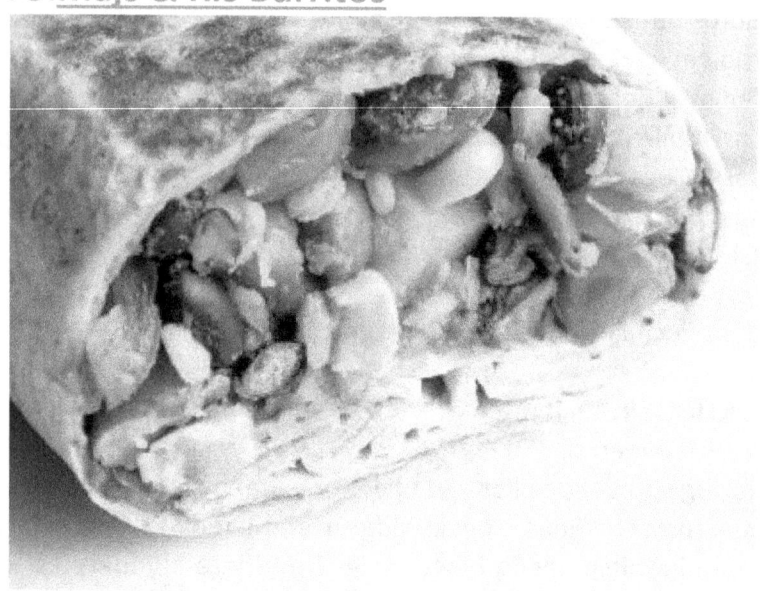

INGREDIENSER:
- 4 ounce kogte ris
- 16 ounce sorte bønner på dåse
- 15 ounces dåse hele kernel majs
- 4 ounce hakket mild grøn chili
- ⅔ kop strimlet Monterey Jack
- ¼ kop hakket frisk koriander
- 8 mel tortillas; (6 til 7 tommer)
- 12 ounce Mild salsa; fedtfri

INSTRUKTIONER:
a) Forvarm ovnen til 425 grader F. Forbered ris som etiketten anviser.
b) I mellemtiden kombinerer du sorte bønner, majs, chili, ost og koriander i en stor skål.
c) Når risene er færdige, røres i bønneblandingen. Skeen afrundet ½ kop risblanding langs midten af hver tortilla. Kom 1 spsk salsa ovenpå risfyldet. Fold siderne af tortilla over fyldet, overlappende lidt.
d) Spray 13" x 9" glas- eller keramisk bradepande med nonstick-spray. Læg burritos med sømsiden nedad i fadet. Spoon enhver resterende risblanding i en række ned i midten af burritos; top ris med resterende salsa.

74. Fiesta Bean Burrito

INGREDIENSER:
- ½ kop bønner
- 1 spsk Salsa
- 1 tsk hakket koriander, valgfrit
- 1 Fuldkornstortilla

INSTRUKTIONER:
a) Fordel bønnerne over tortillaen.
b) Drys de resterende ingredienser på.
c) Opvarm i mikrobølgeovn, indtil den er varm, cirka 40 sekunder
d) Rul tortilla og blanding til en burrito.

75. Fryser burritos

INGREDIENSER:
- 2 dåser sorte bønner
- 2 3 kopper kogte ris (din
- Yndlings slags)
- 1 stort løg
- 3 til 4 fed hvidløg
- Tørret basilikum, spidskommen, chili
- 1 pakke Mel tortillas, burrito
- 1 lille dåse tomatsauce

INSTRUKTIONER:

a) Sauter løg og hvidløg i din foretrukne oliesub (jeg kan godt lide at bruge balsamicoeddike eller madlavningssherry). Når løget er blødt, tilsæt krydderier (beklager ingen mål, jeg smider bare det der ser godt ud), kog et par minutter mere og fjern fra varmen.

b) I en stor skål, dump 1 dåse bønner med juice, dræn den anden dåse og tilsæt derefter bønnerne i skålen. Tilsæt dåsen med tomatsauce. Mos bønnerne, indtil de fleste er mosede, men lad nogle være umasede.

c) Tilsæt kogte ris og løgblanding. Rør grundigt. Rul burritos sammen, frys. Disse laver gode snacks, frokost eller aftensmad med en salat, og jeg elsker dem til morgenmad.

76. Matzo Burrito gryderet

INGREDIENSER:
- Salsa
- Fedtfri refried bønner
- Matzos
- Røde og grønne peberfrugter
- Grøn chili

INSTRUKTIONER:

a) Forvarm ovnen til 350 grader. I en firkantet ildfast fad fordeles lidt salsa på bunden af gryden for at forhindre, at matzoen sætter sig fast.

b) Fordel FF refried beans ovenpå nok matzos til at dække (et lag) bunden af fadet. Jeg lagde så et lag røde og grønne peberfrugter og derefter endnu et lag matzo med refried beans. Oveni lagde jeg et lag grønne chili, endnu en matzo og lidt salsa og tofu ovenpå. Bages i ovnen i cirka 15 minutter.

c) Matzoerne bløder op som tortillas, og det sparer meget godt.

77. Mikrobølgebønneburritos

INGREDIENSER:
- 2 teskefulde vegetabilsk olie
- 1 lille løg, fint hakket
- 1 lille Jalapeno peber, frøet
- 1 fed hvidløg, hakket
- ¼ teskefuld stødt spidskommen
- ¼ teskefuld tørret oregano
- ¼ tsk chilipulver
- 1 knivspids malede korianderfrø
- 16 ounce sorte bønner, skyllet
- ½ avocado, udstenet, skrællet, skåret i tern
- 1 blommetomat i tern
- 1 spidskål, hakket
- 1 spsk hakket frisk koriander
- 2 teskefulde frisk limesaft
- 1 knivspids revet limeskal
- 4 meltortillas, opvarmede

INSTRUKTIONER:
a) Rør olie, løg, jalapeno og hvidløg sammen i 9-tommers glastærteplade. Mikrokoge på HØJ effekt 1 minut.
b) Rør spidskommen, oregano, chilipulver og malet koriander i; mikrokoge, tildækket og udluftet, 1 minut. Rør bønner og vand i; mikrokoge, tildækket og udluftet, 2 minutter.
c) Kom avocado, tomat, spidskål, frisk koriander, limesaft og skal i en lille skål. Smag salsaen til med salt og peber

78. Mikrobølgegrøntsagsburritos

INGREDIENSER:
- 1 sød grøn peber; Hakket
- 1 løg; hakket
- 2 fed hvidløg; hakket
- 1 tsk vegetabilsk olie
- ½ tsk stødt spidskommen
- ½ tsk tørret oregano
- 3 kartofler; i tern For tilsat fiber
- 1 kop majskerner
- 6 ounce tacosauce på flaske
- 4 store mel tortilla
- ½ kop vegansk cheddarost; strimlet

INSTRUKTIONER:
a) Kombiner grøn peber, løg, hvidløg, olie, spidskommen og oregano i 6-kops gryderet; mikroovn, tildækket, ved høj i 2-3 minutter, eller indtil løget er blødt. Rør kartofler og 1 spsk vand i; mikroovn, tildækket, ved høj i 8-10 minutter, eller indtil kartoflerne er møre, omrør to gange.
b) Rør majs og taco sauce; mikroovn, tildækket, ved høj i 2-4 minutter eller indtil varm. Lad stå i 5 minutter. Tilsæt salt og peber efter smag.
c) Mikrobølgetortillaer uden låg ved høj i 30-40 sekunder eller indtil de er varme. Placer på serveringsfade; top med kartoffelblanding og ost.
d) Fold 1 ende op, derefter sider; Rul op.

79.Blandet grøntsagsburrito

INGREDIENSER:
- 1 stor kartoffel - i tern
- 2 små Zucchini - hakket
- 2 små gule squash -- hakket
- 10 ounce frosset majs
- 3 Peberfrugt
- 1 stor tomat - hakket
- 1 lille rødløg - hakket
- 3 spiseskefulde koriander - hakket
- 1 kop creme fraiche, lys
- 1 tsk chilipulver
- 12 ounce Vegansk Monterey jack ost
- 4 mel tortillas
- 1 Avocado skiver

INSTRUKTIONER:

a) Bring vandet i kog i en overdækket gryde ved høj varme. Tilsæt kartofler, zucchini, gul squash, majs og peberfrugt. Bring det i kog og kog uden låg i cirka 4 minutter, indtil kartoflerne er lige møre. Afdryp og vend i en skål. Tilsæt tomat, løg, koriander, cremefraiche, chilipulver, salt, peber og ½ af osten. Kast forsigtigt.

b) Arranger tortillaerne i et enkelt lag på bageplader beklædt med bagepapir. Hæld ¼ af fyldet i midten af hver tortilla

c) Fold og bag ca. 15 minutter, indtil osten er smeltet.

80. Mojo Black Bean Burritos

INGREDIENSER:
- 2 store mel tortillas
- 1 kop fedtfattig ristede sorte bønner
- 1 sød kartoffel
- ½ kop frosne sukkermajs
- 4 ounces Tempeh
- 4 6 spiseskefulde tacosauce

INSTRUKTIONER:

a) Skræl og skær sød kartoffel i små mundrette stykker. Skær Tempeh i små mundrette stykker. Damp Tempeh og kartoffeltern i 10-15 minutter, indtil de er møre. Ca. 2 minutter før de er færdige, tilsæt majs (du skal bruge en damperkurv med små huller).

b) Varm i mellemtiden tortillas i ovnen. Spred hver med ½ sorte bønner. Når Tempeh, sød kartoffel og majs er færdig, tilsæt ½ af blandingen til hver burrito, og tilsæt derefter ½ tacosauce til hver. Rul sammen og server.

c) Disse gør store frokoster; du kan pakke dem tæt ind i aluminiumsfolie og de holder sig hele dagen.

81. Pepita grøntsagsburritos

INGREDIENSER:
- 1 Græskarkernesauce
- 1 kop hakket broccoli
- 1 Med løg, finthakket
- 2 fed hvidløg, finthakket
- 2 spsk olie
- 1 kop 2x1/4-tommer strimler gul squash
- 1 kop 2x1/4-tommer strimler zucchini
- ½ kop finthakket rød peberfrugt
- ¼ kop afskallede græskarkerner, ristede
- 1 spsk citronsaft
- 1 tsk stødt rød chili
- ¼ tsk salt
- ¼ teskefuld stødt spidskommen
- 6 mel tortillas

INSTRUKTIONER:

a) Tilbered græskarfrøsauce . Kog broccoli, løg og hvidløg i olie i en 10-tommer stegepande, omrør ofte, indtil de er møre. Rør de resterende ingredienser i undtagen tortillas. Kog under omrøring af og til, indtil squashen er sprød, cirka 2 minutter.

b) Holde varm. Hæld ca. ½ kop grøntsagsblanding på midten af hver tortilla. Fold den ene ende af tortillaen op omkring 1 tomme over blandingen. Fold højre og venstre side over den foldede ende, overlappende. Fold den resterende ende ned. Server med græskarfrøsauce.

82.Seitan Burritos

INGREDIENSER:
- Hvidløg; i tern
- Løg; skåret i skiver
- 2 store Portobello-svampe; skåret i skiver
- Seitan i fajita-stil
- Kanel
- Spidskommen
- Chili pulver
- Tortilla
- Reduceret fedt vegansk cheddarost

INSTRUKTIONER:

a) Skær nogle løg i skiver og kom i en gryde til at 'rørstege' . Tilføj to store Portobello-svampe . Tilsæt derefter skiverne af seitan. Tilsæt en smule kanel, spidskommen og chilipulver.

b) Varme tortilla indtil blød i slip-let pande, drys e en MEGET lille mængde fedtfattig cheddarost, overfør til en tallerken og hæld svampen i seitanblanding og fold sammen som en burrito.

83. Burrito Fyldning

INGREDIENSER:
- 1 kop kogende vand
- 2 spsk sojasovs
- 1 spsk chilipulver
- ½ tsk oregano
- 1 kop TVP
- ½ kop løg; hakket
- ½ kop grøn peber; hakket
- 1 fed hvidløg; hakket
- Jalapeno efter smag; hakket, (valgfrit)
- 1 spsk Olivenolie
- også god til enchiladas!!

INSTRUKTIONER:
a) Bland vand, sojasovs, chilipulver og oregano sammen og hæld over TVP. Dæk til og lad stå i cirka 10 minutter. Svits løg, grøn peber, hvidløg og jalapeno kort i olien
b) Tilsæt TVP-blandingen, og fortsæt med at koge, indtil den er brunet. Serveres varm i tacos eller burritos med alt tilbehør.

84.Vegetarisk Burritos Grande

INGREDIENSER:
- ⅓ kop olivenolie
- 3 hver hvidløgsfed, hakket
- 1 spsk koriander, hakket
- ½ tsk spidskommen
- ¼ tsk Røde chiliflager, knuste
- ¼ tsk oregano
- 1 hver rød peberfrugt
- 1 hver grøn peberfrugt
- 1 hver gul peberfrugt
- 1 hver Anaheim peber
- 3 medium gul squash
- 1 stort rødløg, skåret i skiver
- 6 hver Mel tortillas
- 3 kopper sorte bønner, kogte
- ¼ kop koriander, hakket

INSTRUKTIONER:

a) FYLD: Skær peberfrugt, klokke og chili sammen med squashen i halve på langs. Fjern kernerne fra peberfrugterne. Brug en wienerbrødsbørste til at overtrække dem med drysseolie. Grill under en slagtekylling eller på en forberedt grill. Ryst og vend indtil de er møre, cirka 5 minutter på hver side.

b) Fjern fra varmen og hak den, når den er kølig nok til at håndtere.

c) SAMLING: Hæld bønner lidt væk fra midten på tortilla og top med grillede grøntsager og koriander. Fold & spis.

TACOS

85.Sprøde kikærte-tacos

INGREDIENSER:
- 6 majs- eller meltortillas
- En 15-ounce dåse kikærter, skyllet og drænet
- ½ tsk ancho chili pulver
- 3 kopper strimlet grønkål
- 1 kop revet gulerod
- ½ kop rødløg i tynde skiver
- ½ kop poblano-peber i små tern
- ½ kop hakket grønt løg
- ¼ kop hakket frisk koriander
- ¼ kop Tofu Cashew Mayonnaise 1 portion
- 2 spsk limesaft ¼ tsk havsalt
- 1 avocado, udstenet og skåret i skiver
- 1 spsk Sriracha

INSTRUKTIONER:

a) Forvarm ovnen til 375°F.

b) Form tortillaerne ved at lægge dem i en nonstick-ovnsikker skål og bage dem i ovnen, indtil de er sprøde, 5-10 minutter.

c) I en stor røreskål smadrer du kikærterne med en gaffel og drysser med chilipulveret.

d) Tilsæt kål, gulerod, rødløg, poblanopeber, grønne løg, koriander, mayonnaise og limesaft.

e) Bland grundigt, tilsæt salt til sidst.

f) Fordel salatblandingen mellem tacoskålene og top med den skåret avocado. Tilføj Sriracha, hvis du kan lide dine tacos krydret.

86. Tempeh tacos

INGREDIENSER:

- Olie, til pande
- 1 pakke (8 ounce) tempeh
- 1¾ kopper usødet rismælk
- 1 spsk dijonsennep
- 1 spsk sojasovs eller tamari ½ tsk paprika
- 2 spsk dulse flager
- 1 spiseskefuld næringsgær ¼ kop majsmel
- 13. kop panko-stil brødkrummer
- 1 spsk arrowroot Majstortillas, til tacos
- 1 avocado, skåret i skiver

INSTRUKTIONER:

a) Forvarm ovnen til 350 grader F. Spray en bageplade med olie. Skær tempeh i 2-tommer lange og ½-tommer tykke stykker. Pisk våde ingredienser sammen og stil til side.

b) Kom tørre ingredienser i en foodprocessor og pulsér et par gange, indtil blandingen er fint mel. Læg i en lille skål. Dryp hvert stykke tempeh i rismælksblandingen, og vend derefter med brødkrummeblandingen.

c) Placer på en bageplade i tre rækker omkring en tomme fra hinanden. Sprøjt olie på toppen af stykkerne, og bag dem i 15 minutter. Vend og bag i yderligere 15 minutter.

d) Server straks i en majstortilla med avocado i skiver og mango-ferskensalsa.

87. Svampetacos med chipotlecreme

INGREDIENSER:

- 1 mellemstor rødløg, skåret i tynde skiver
- 1 stor portobello-svampe, skåret i ½-tommers tern
- 6 fed hvidløg, hakket
- Havsalt efter smag
- 12 6-tommer majstortillas
- 1 kop Chipotle flødesauce
- 2 kopper strimlet romainesalat
- ½ kop hakket frisk koriander

INSTRUKTIONER:

a) Varm en stor stegepande op over medium-høj varme.
b) Tilsæt rødløg og portobellosvampe, og steg i 4 til 5 minutter.
c) Tilsæt vand 1 til 2 spiseskefulde ad gangen for at forhindre, at løg og svampe klæber.
d) Tilsæt hvidløg og steg i 1 minut. Smag til med salt.
e) Mens svampene koger, tilsæt 4 tortillas til en nonstick-gryde og opvarm dem i et par minutter, indtil de er bløde.
f) Vend dem og varm dem i 2 minutter mere. Fjerne

88. Tacos med linser, grønkål og quinoa

INGREDIENSER:
FYLDNING
- 3 kopper quinoa, kogt (1 kop tør)
- 1 kop linser, kogte (½ kop tørre)
- Et parti tacokrydderi
- 1 spsk kokosolie
- 3 store blade grønkål, stilke fjernet, hakket
- Blåmajs tacoskaller

TOPPINGS
- 2 avocadoer, udstenede, skrællede og skåret i skiver
- Friske korianderblade Friske limebåde

INSTRUKTIONER:

a) I en stor gryde opvarmet til medium, fold kogt quinoa, linser, tacokrydderi, kokosolie og grønkål sammen. Rør godt i 3-5 minutter, indtil varmen visner bladene.

b) Rist tacoskaller på en bageplade beklædt med bagepapir efter producentens anvisninger.

c) Fyld skallerne med fyld, og top med avocado, koriander og et skvæt lime. Serveres varm.

89. Majs Salsa Toppede Black Bean Tacos

INGREDIENSER:
- Madlavning Olivenolie
- 2 fed hvidløg
- 2 ½ kopper sorte bønner, skyllet og drænet
- ¼ kop havre
- ¼ kop majsmel
- 1 spsk rød chilipulver
- 1 tsk kosher salt, delt
- ½ tsk sort peber (kværnet og delt)
- 8 majstortillas (små)
- 1 kop majs, optøet hvis frosset
- 1 rød peberfrugt (medium, hakket)
- 1 grøn chili (lille, i tern)
- 2 spidskål (hakket)
- 2 limefrugter (saftede)
- ¼ kop frisk koriander (hakket)

INSTRUKTIONER:

a) Forvarm ovnen til 400°F og sprøjt madolie på en bageplade.

b) Tilsæt hakket hvidløg i en forarbejdningsmaskine med bønner, havre, chili og majsmel. Tilsæt salt og peber før blandingen behandles.

c) Forbered en bageplade og fordel blandingen ud på den. Sørg for at sprøjte det med madolie, før du bager blandingen i 20 til 30 minutter.

d) før du sprøjter den med mere madolie og fortsætter bagningen. Dette er med til at sikre, at hele blandingen bages jævnt.

e) Når den er bagt, tag bønneblandingen ud i en skål og bland den godt med majs, peberfrugt, chili og spidskål.

f) Tortillaerne skal pakkes ind i folie og varmes i ovnen i 5 minutter.

g) Fordel bønneblandingen på tortillaerne og server med majssalsa og koriandertopping.

90. Grillede Haloumi Tacos

INGREDIENSER:
- Olivenolie
- 2 afskallede aks
- Kosher salt
- Sort peber
- 1 lille rødløg i skiver
- ½ kg halloumi, skåret i tykke skiver
- 8 majstortillas

INSTRUKTIONER:

a) Forbered grillen ved at sætte den på medium-høj varme og olie ristene grundigt.

b) Pensl majsskallene let over med olie og krydr det samme med salt og peber. Vend løgringene med olie, salt og peber. Grill begge ingredienser, 10-15 minutter for majs og 4 minutter for løg, vend ofte for at sikre, at det er mørt og er forkullet i pletter.

c) Når majsen er afkølet, skærer du kernerne fra kolberne og lægger dem i en mellemstor skål.

d) Pensl osten med lidt olie, og efter at have krydret med lidt salt og peber, grilles den en gang på hver side, så den kuller og bliver helt varm.

e) Varm tortillaerne i mikrobølgeovnen eller på en køligere del af grillen for at blødgøre dem.

f) Fordel osten mellem tortillaerne, toppe dem med løg, majs, avocado, koriander, salsa og limebåde.

91.Den simple veganske taco

INGREDIENSER:
- 2 hvede tacos
- ½ kop sorte bønner
- 1 avocado, skåret i skiver
- 2 cherrytomater i kvarte
- 1 løg, hakket
- Frisk persille
- Limesaft
- 1 spiseskefuld oliven
- olie
- Salt
- Dit valg af varm sauce

INSTRUKTIONER:

a) Varm tacoen op for at varme den grundigt op.

b) Placer alle ingredienserne på tacoen i den rækkefølge, du ønsker. Du kan også varme alle grøntsagerne i en mellemstor stegepande.

c) Opvarm blot olien, tilsæt løg, bønner og cherrytomater og drys lidt salt over det hele.

d) Fjern efter et minuts konstant omrøring.

e) Server taco'erne, drysset med lidt persille, avocado i skiver, et skvæt limesaft og den varme chilisauce til at dyppe i.

92. Bønner og grillet majs taco

INGREDIENSER:
- 2 majstacos
- ½ kop sorte bønner
- Grillede majskolber
- 1 avocado, skåret i skiver
- 2 cherrytomater i kvarte
- 1 lille løg, hakket
- Frisk persille
- ¼ tsk spidskommen
- Salt
- Friskkværnet sort peber
- 1 spsk Olie til grillning

INSTRUKTIONER:
a) Forbered grillen ved at sætte den på medium-høj varme og olie ristene grundigt.
b) Pensl majsskallene let over med olie og krydr det samme med salt og peber. Grill majsene i 10-15 minutter og vend dem ofte for at sikre, at de er møre og forkullede pletter.
c) Når majsen er afkølet, skærer du kernerne fra kolberne og lægger dem i en mellemstor skål.
d) Vend med sorte bønner, skiver avocado, cherrytomater, hakkede løg og frisk persille, og smag til med salt, sort peber og spidskommen. Pres lidt frisk lime for et syrligt fyld.
e) Hæld på tacoen og nyd med en dukkert efter eget valg.

93.Sorte bønner og ris salat Taco

INGREDIENSER:
- Tacoskaller
- 3 Lime, skal og saft
- 1 kop cherrytomater, hver skåret i 4 stykker
- ¼ kop rødvinseddike
- ¼ kop rødløg, små tern
- ¼ kop blanding af koriander, basilikum og spidskål, alt sammen chiffonade
- 1 tsk hvidløg, hakket
- 1 dåse Majs, drænet
- 1 grøn chilipeber i små tern
- 1 Rød, orange eller gul peberfrugt
- 1 dåse sorte bønner, drænet
- 1 ½ kop hvide ris, kogte og holdt varme
- Salt og peber til smag.

INSTRUKTIONER:
a) Skær cherrytomaterne i kvarte og mariner dem med rødløg i tern, rødvinseddike, hvidløg og salt i 30 minutter.
b) Saml og klargør peberfrugter, krydderurter og limefrugter. Kom dem alle sammen med de afdryppede sorte bønner og majs, og krydr godt med salt og peber.
c) Tilsæt tomatblandingen til bønneblandingen. Vend derefter de varme ris i. Smag til og tilsæt salt om nødvendigt.
d) Server i tacoskaller.

94. Tygge valnøddetacos

INGREDIENSER:
TACO KØD
- 1 kop rå valnødder
- 1 spsk gærflager
- 1 spiseskefuld tamari
- ½ tsk stødt spidskommen
- ¼ tsk chipotle peberpulver
- 1 tsk chili

FYLDNING
- 1 Hass avocado
- 1 Roma tomat, fint skåret
- 6 spsk røget cashew ost dip
- 4 store salatblade

INSTRUKTIONER:
TACO KØD
a) Kom valnødder, næringsgær, tamari, chilipulver, spidskommen og chipotle-chilipulver i en foodprocessor og purér, indtil blandingen ligner grove krummer.

FYLDNING
b) Til toppings placeres avocadoen i en lille skål og moses med en gaffel, indtil den er glat. Rør tomaten i.
c) For at samle hver taco skal du placere et salatblad på et skærebræt med ribbenssiden opad. Placer ¼ kop Walnut Taco Meat i midten af arket.
d) Top med 1½ spsk af cashewostdippen og en fjerdedel af avocadoblandingen.

95. Seitan Tacos

INGREDIENSER:
- 2 spsk olivenolie
- 12 ounce seitan
- 2 spsk sojasovs
- 11/2 tsk chilipulver
- 1/4 tsk stødt spidskommen
- 1/4 tsk hvidløgspulver
- 12 (6-tommer) bløde majstortillas
- 1 moden Hass avocado
- Strimlet romainesalat
- 1 kop tomatsalsa

INSTRUKTIONER:

a) I en stor stegepande opvarmes olien over medium varme. Tilsæt seitanen og kog indtil brunet i cirka 10 minutter. Drys med sojasovsen, chilipulveret, spidskommen og hvidløgspulveret, under omrøring. Fjern fra varmen.

b) Forvarm ovnen til 225°F. I en mellemstor stegepande opvarmes tortillas ved middel varme og stables på en varmefast tallerken. Dæk dem til med folie og sæt dem i ovnen for at holde dem bløde og varme.

c) Udgrav og skræl avocadoen og skær den i 1/4-tommers skiver.

d) Anret tacofyldet, avocadoen og salaten på et fad og server sammen med de opvarmede tortillaer, salsa og eventuelt ekstra toppings.

GYROS

96. Kikærter og grøntsagsgyros

INGREDIENSER:
- 1 dåse (15 oz) kikærter, drænet og skyllet
- 1 kop strimlet agurk
- 1 kop revet gulerødder
- 1/4 kop hakket rødløg
- 2 fed hvidløg, hakket
- 1 tsk stødt spidskommen
- 1 tsk røget paprika
- Salt og peber efter smag
- 2 spsk olivenolie
- Vegansk tzatziki sauce
- Pita brød
- Skivede tomater og salat til pynt

INSTRUKTIONER:
a) Puls kikærter i en foodprocessor, til de er groft hakkede.
b) I en skål kombineres hakkede kikærter, revet agurk, revet gulerødder, rødløg, hakket hvidløg, spidskommen, røget paprika, salt, peber og olivenolie. Bland godt.
c) Varm en stegepande op over middel varme og kog blandingen, indtil den er gennemvarme.
d) Lun pitabrødene i ovnen eller på en pande.
e) Saml gyros ved at lægge kikærteblandingen på hver pita. Top med vegansk tzatziki sauce, skivede tomater og salat.

97.Grillede Portobello Svampe Gyros

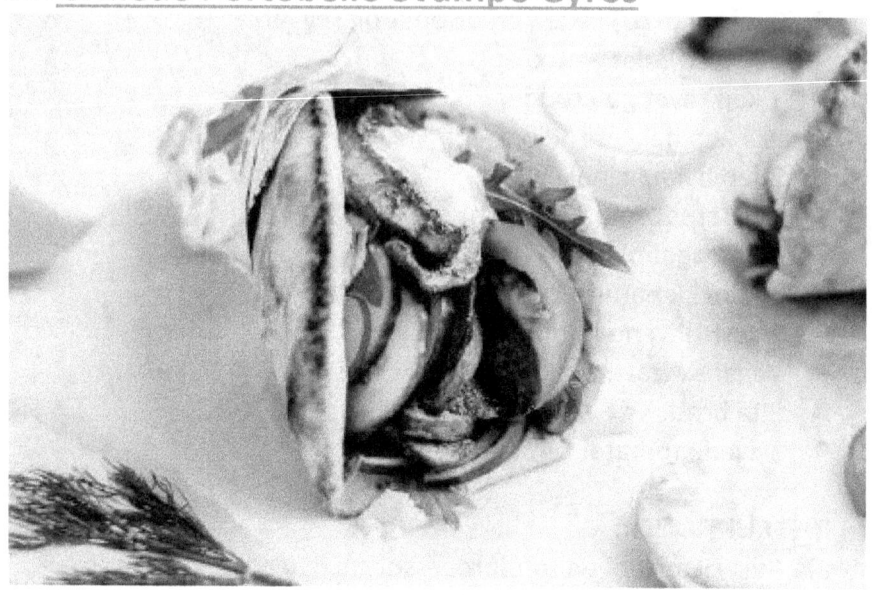

INGREDIENSER:
- 4 store portobellosvampe, renset og skåret i skiver
- 1/4 kop balsamicoeddike
- 2 spsk olivenolie
- 2 fed hvidløg, hakket
- 1 tsk tørret oregano
- Salt og peber efter smag
- Vegansk tzatziki sauce
- Pita brød
- Rødløg og agurk i skiver til pynt

INSTRUKTIONER:
a) I en skål piskes balsamicoeddike, olivenolie, hakket hvidløg, oregano, salt og peber sammen.
b) Mariner portobellosvampeskiverne i blandingen i mindst 30 minutter.
c) Grill de marinerede svampe til de er møre.
d) Lun pitabrødene i ovnen eller på en pande.
e) Saml gyros ved at lægge de grillede portobelloskiver på hver pita. Top med vegansk tzatziki sauce, hakket rødløg og agurk.

98.Jackfruit Gyros

INGREDIENSER:
- 2 dåser (20 oz) unge grønne jackfrugter, drænet og revet
- 1 spsk olivenolie
- 1 tsk stødt spidskommen
- 1 tsk røget paprika
- 1 tsk hvidløgspulver
- Salt og peber efter smag
- Vegansk tzatziki sauce
- Pita brød
- Skåret salat og cherrytomater til pynt

INSTRUKTIONER:
a) I en stegepande opvarmes olivenolie over medium varme. Tilsæt revet jackfrugt, spidskommen, røget paprika, hvidløgspulver, salt og peber. Kog indtil jackfrugten er gennemvarmet og godt belagt med krydderierne.
b) Lun pitabrødene i ovnen eller på en pande.
c) Saml gyros ved at placere den krydrede jackfrugt på hver pita. Top med vegansk tzatziki sauce, skåret salat og cherrytomater.
d) Nyd disse velsmagende veganske gyro-muligheder!

99.Tofu Gyros

INGREDIENSER:
- 1 blok ekstra fast tofu, presset og skåret i tynde strimler
- 2 spsk sojasovs
- 1 spsk olivenolie
- 1 tsk tørret oregano
- 1 tsk hvidløgspulver
- Salt og peber efter smag
- Vegansk tzatziki sauce
- Pita brød
- Rødløg og agurk i skiver til pynt

INSTRUKTIONER:

a) I en skål piskes sojasovs, olivenolie, tørret oregano, hvidløgspulver, salt og peber sammen.

b) Mariner tofu-strimlerne i blandingen i mindst 30 minutter.

c) Varm en stegepande op over medium-høj varme og kog den marinerede tofu, indtil den er gyldenbrun på begge sider.

d) Lun pitabrødene i ovnen eller på en pande.

e) Saml gyros ved at lægge den kogte tofu på hver pita. Top med vegansk tzatziki sauce, hakket rødløg og agurk.

100. Linser og svampe Gyros

INGREDIENSER:
- 1 kop kogte linser
- 1 kop finthakkede svampe
- 1 lille rødløg, finthakket
- 2 fed hvidløg, hakket
- 1 tsk stødt spidskommen
- 1 tsk røget paprika
- Salt og peber efter smag
- 2 spsk tomatpure
- Vegansk tzatziki sauce
- Pita brød
- Skivede tomater og salat til pynt

INSTRUKTIONER:
a) Svits svampe, rødløg og hvidløg i en stegepande, indtil de er bløde.
b) Tilsæt kogte linser, stødt spidskommen, røget paprika, salt, peber og tomatpure til stegepanden. Bland godt og kog indtil det er gennemvarmet.
c) Lun pitabrødene i ovnen eller på en pande.
d) Saml gyros ved at lægge linse- og svampeblandingen på hver pita. Top med vegansk tzatziki sauce, skivede tomater og salat.

KONKLUSION

Når vi afslutter vores smagfulde rejse gennem " VEGETARISK STREET SPISER: BURGERE, TACOS, GYROS OG MERE" håber vi, at du har oplevet glæden ved at tilfredsstille dine veganske trang, en gadebid ad gangen. Hver opskrift på disse sider er en fejring af den kreativitet, dristige smag og globale inspiration, der gør plantebaseret street eats så lækkert – et vidnesbyrd om den tilfredshed, der følger med hver bid.

Uanset om du har nydt den plantedrevne godhed fra veganske burgere, omfavnet de forskellige veganske tacos eller forkælet dig med de velsmagende lækkerier fra plantebaserede gyros, stoler vi på, at disse opskrifter har tændt din passion for at nyde vegansk streetfood. Ud over ingredienserne og teknikkerne, må " VEGETARISK STREET SPISER: BURGERE, TACOS, GYROS OG MERE" blive en inspirationskilde, en fejring af plantebaseret kreativitet og en påmindelse om, at tilfredsstillelse af vegansk trang er både spændende og lækkert.

Mens du fortsætter med at udforske verden af plantebaserede street eats, må denne kogebog være din betroede følgesvend, som guider dig gennem en række opskrifter, der viser vegansk street foods dristige, smagfulde og tilfredsstillende karakter. Her er til at nyde kreativiteten, genskabe plantebaserede klassikere og omfavne den glæde, der følger med hver bid. God madlavning!

www.ingramcontent.com/pod-product-compliance
Lightning Source LLC
Chambersburg PA
CBHW071326110526
44591CB00010B/1038